Katrin Wemmer

AF565607

# Das Lese-Trainingsprogramm: Wortebene

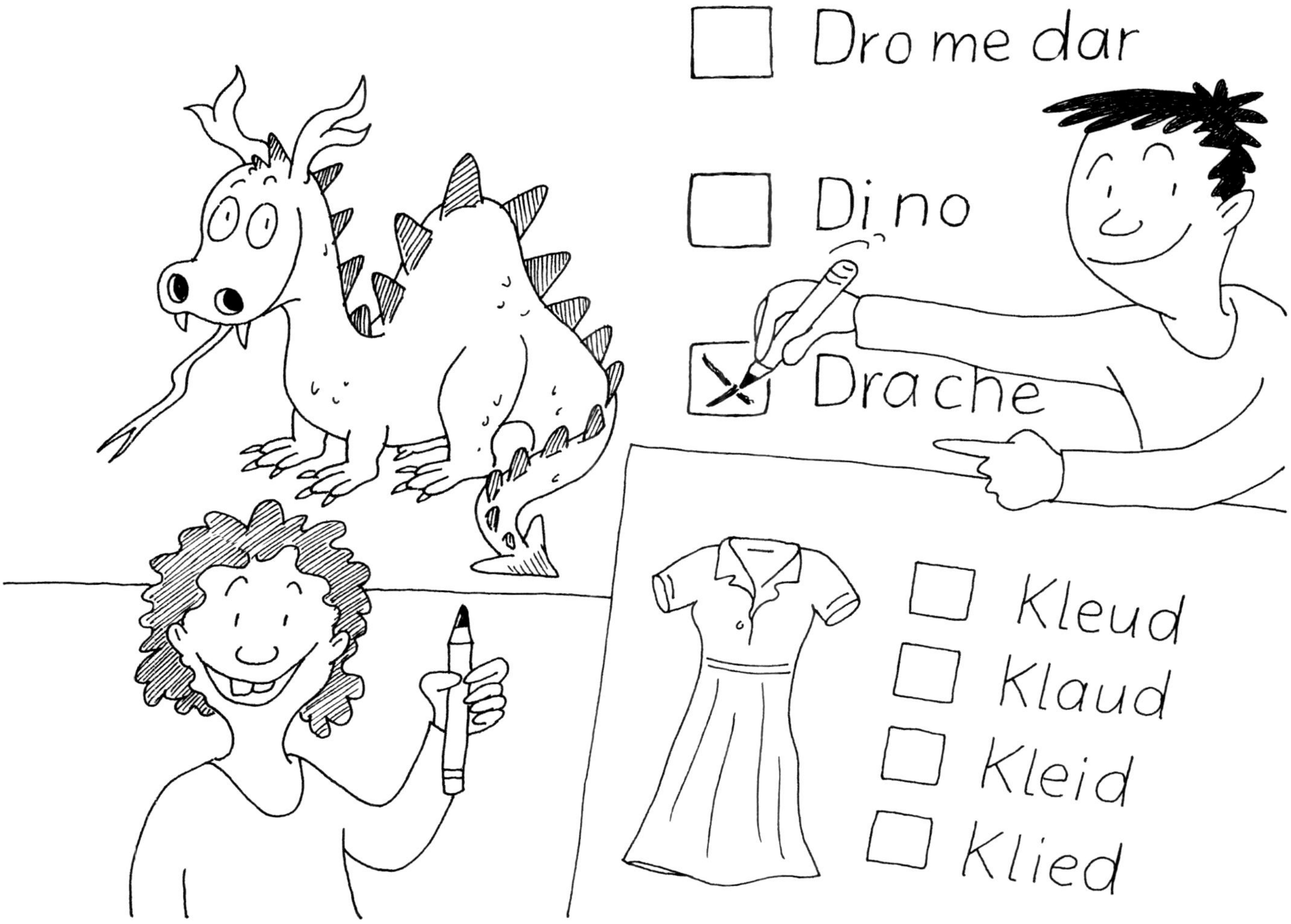

Dromedar
Dino
Drache

Kleud
Klaud
Kleid
Klied

Gedruckt auf umweltbewusst gefertigtem, chlorfrei gebleichtem und alterungsbeständigem Papier.

3. Auflage 2018
© 2012 Persen Verlag, Hamburg
AAP Lehrerfachverlage GmbH
Alle Rechte vorbehalten.

Das Werk als Ganzes sowie in seinen Teilen unterliegt dem deutschen Urheberrecht. Der Erwerber des Werkes ist berechtigt, das Werk als Ganzes oder in seinen Teilen für den eigenen Gebrauch und den Einsatz im Unterricht zu nutzen. Die Nutzung ist nur für den genannten Zweck gestattet, nicht jedoch für einen weiteren kommerziellen Gebrauch, für die Weiterleitung an Dritte oder für die Veröffentlichung im Internet oder in Intranets. Eine über den genannten Zweck hinausgehende Nutzung bedarf in jedem Fall der vorherigen schriftlichen Zustimmung des Verlages.

Sind Internetadressen in diesem Werk angegeben, wurden diese vom Verlag sorgfältig geprüft. Da wir auf die externen Seiten weder inhaltliche noch gestalterische Einflussmöglichkeiten haben, können wir nicht garantieren, dass die Inhalte zu einem späteren Zeitpunkt noch dieselben sind wie zum Zeitpunkt der Drucklegung. Der Persen Verlag übernimmt deshalb keine Gewähr für die Aktualität und den Inhalt dieser Internetseiten oder solcher, die mit ihnen verlinkt sind, und schließt jegliche Haftung aus.

Illustrationen: Barbara Gerth, Melanie Groger
Satz: Satzpunkt Ursula Ewert GmbH

ISBN 978-3-403-23089-2

www.persen.de

# Inhaltsverzeichnis


**1 Vorwort** .................... 4

**2 Konzeption der Lesekartei und der Arbeitsblätter**

Aufbau des Buches .................... 5

Arbeit mit dem Material .................... 6

**3 Lesekartei**

Übersichtsplan und Lesekartei-Pass .................... 7

Lesekartei Stufe 1 .................... 8

Lesekartei Stufe 2 .................... 16

Lesekartei Stufe 3 .................... 24

Lesekartei Stufe 4 .................... 32

Lesekartei Stufe 5 .................... 40

**4 Arbeitsblätter**

Silben/Wörter mit Bild verbinden .................... 48

Wörter zum Bild kleben .................... 58

Falsche Wörter einkreisen .................... 63

Wortanfang und Wortende verbinden .................... 66

Falsche Wörter durchstreichen .................... 70

Wörter zum Bild ankreuzen .................... 74

# 1. Vorwort

Lesen lernen ist ein grundlegender Schritt in den ersten Schuljahren und immens wichtig für den weiteren schulischen und beruflichen Werdegang. „Wer nicht oder nur unzureichend lesen und das Gelesene verstehen gelernt hat, kann sich nicht selbstständig Wissen aneignen, in der Schule nur eingeschränkt den Anforderungen genügen, nicht an den neuen Medien selbstständig teilhaben und Lesen nicht als Bereicherung seines Lebens und als Mittel zur Informationsgewinnung nutzen“ (Wedel-Wolf, Annegret. Anforderungen an Materialien zur Leseförderung. Grundschule 7–8/2003, S. 68).

Lesen meint hierbei natürlich mehr als die reine Technik, das Aneinanderreihen und Zusammenschleifen von Buchstaben – das mechanische Lesen. Lesen lernen im Sinne des Erwerbs der Lesekompetenz meint zwar auch eine ausreichende Lesefertigkeit und nicht zu vergessen eine grundsätzliche Lesemotivation, im Mittelpunkt steht jedoch das Leseverstehen.

Bereits auf der Wortebene liegt hier jedoch für viele Kinder schon ein wesentlicher Stolperstein. Das zunächst gelernte „technische Lesen“ (die Buchstaben-Laut-Zuordnung und das Zusammenschleifen von Lauten) bedarf zu Beginn einer sehr hohen Konzentration und Anstrengung. Die Kinder wollen lesen können und sind oft damit zufrieden, wenn sie die Buchstaben erkannt und in eine Lautfolge übertragen haben. Dies bedeutet für sie schon „Lesen“. Dabei vernachlässigen einige Kinder leider schnell die eigentliche Sinnentnahme – vor allem jene Kinder, denen das Erlesen schwerfällt und viel Anstrengung abverlangt. Kinder, die nur langsam einen Zugang zum geschriebenen Wort finden, reihen häufig Laute aneinander, ohne zum gelesenen Wort eine Bedeutung zu assoziieren. Daher sind parallel zum Erwerb der Lesefertigkeit Übungen zur Ausrichtung der Aufmerksamkeit auf die Sinnentnahme von Beginn an wichtig, damit die Kinder ihre Lesemotivation nicht verlieren (vgl. Wedel-Wolf, Annegret. Anforderungen an Materialien zur Leseförderung. Grundschule 7–8/2003, S. 68).

Besonders auf der Silben- und Wortebene gibt es noch häufig Leseübungsangebote mit „sinnlosen“ Silben-Ketten oder isolierten Einzelwörtern mit Fokus auf besonderen Schwierigkeiten. Hierbei wird zwar die alphabetische Lesestrategie geübt, nicht aber das so notwendige problemlösende Vorgehen, das für die Sinnentnahme entscheidend ist. „Mit sinnlosen Leseaufgaben erfahren Kinder für sich nicht die Bedeutung des Lesens, lernen nicht mit Sinnspur zu lesen und können keine Lesemotivation und kein Leseinteresse aufbauen. Durch Übungen mit sinnlosem Wortmaterial werden leicht Kinder herangebildet, die relativ flüssig und fehlerfrei einen Text vorlesen können, aber nicht verstehen, was sie gelesen haben.“ (Wedel-Wolf, Annegret. Anforderungen an Materialien zur Leseförderung. Grundschule 7–8/2003, S. 68)


© Persen Verlag

# 2. Konzeption

Nach dem interaktiven Lesemodell besteht Lesen aus zwei wesentlichen Prozessen. Zum einen wird die erlernte Laut-Buchstaben-Zuordnung zum schrittweisen, mechanischen Erlesen des Wortes eingesetzt **(Bottom-up-Prozess)**, zum anderen der jeweilige Kontext zum Aufbau einer Sinnerwartung genutzt **(Top-down-Prozess)**. Nur wenn beide Prozesse gleichzeitig und in Wechselwirkung ablaufen, führt dies zum gewünschten Leseerfolg. Der schnelle und sichere Leser kann die verschiedenen Lesestrategien kombinieren und flexibel anwenden.

Die vorliegenden Leseübungen, sowohl die als Kartei einsetzbaren Arbeitsblätter als auch die folgenden Arbeitsblätter, sollen die **sichere Anwendung beider Lesestrategien** üben. Durch die Übungen sollen die Schüler dazu angeregt werden, anhand des Bildkontextes und des Wortanfanges eine Hypothese zu bilden (Top-down) und diese dann durch genaues lautorientiertes Nachlesen zu überprüfen (Bottom-up). Das kleinschrittig ausgewählte Wortmaterial soll dabei die noch wenig entwickelten Erlesefähigkeiten unterstützen.

Bei den vorliegenden Materialien zur Wortebene habe ich versucht, das Erlernen der Lesetechnik – das bei der Silben- und Kurzwortebene ja eigentlich noch im Vordergrund steht – bereits früh mit **Übungen zur Sinnentnahme** zu kombinieren. Besonders für Schüler, die aufgrund schwacher Leseleistungen intensive Übungen auf der Silben- und Wortebene benötigen, fehlen oft entsprechend umfangreiche Materialien. Viele Leseübungshefte gehen schnell zur Kurzsatz-Ebene über. Wenn jedoch die Sinnentnahme auf der Wortebene noch nicht ausreichend geübt ist, festigen sich falsche Strategien. Zudem trauen sich schwache Leser selbst kurze Sätze nur schwer zu. Die Hemmschwelle beim Erlesen einzelner Wörter ist erfahrungsgemäß geringer.

### Aufbau des Heftes

Schüler mit geringer Leseleistung haben nach Untersuchungen zu einem lernförderlichen Unterricht (vgl. May, Peter. Lernförderlicher Unterricht. 2. Band. 2002) nicht nur eine geringe Lesemotivation, sondern auch grundsätzlich ein geringes Selbstbild und Selbstvertrauen. Daher sollten Materialien zur Leseförderung klar strukturierte und überschaubare Aufgaben enthalten, die keinen zu hohen Erwartungsdruck aufbauen. Durch die Erarbeitung in kleinen Schritten und durch Wiederholung von Übungstypen kann diesen Schülern Sicherheit vermittelt werden. **„Gleiche Aufgaben in verschiedenen Schwierigkeitsgraden bieten Kindern Erfolgserlebnisse und lassen sie ihr Können erfahren …“** (Wedel-Wolf, Annegret. Anforderungen an Materialien zur Leseförderung. Grundschule 7–8/2003, S. 70).

Der erste Teil des Heftes besteht aus **als Lesekartei einsetzbaren Arbeitsblättern mit fünf Schwierigkeitsstufen**. Das Aufgabenprinzip bleibt auf jeder Stufe gleich. Zu einem Bild werden drei Wörter angeboten. Nach einer Hypothesenbildung aus dem Kontext des Bildes heraus, muss das


© Persen Verlag

richtige Wort durch lautorientiertes Nachlesen herausgefunden und angekreuzt werden. Die erste Stufe ermöglicht auch Schülern, die noch auf der Silbenebene lesen, die Sinnerwartung zu nutzen und das sinnentnehmende Lesen zu trainieren. In den folgenden Stufen steigert sich der Schwierigkeitsgrad von ein- und zweisilbigen Wörtern ohne Konsonantenhäufung hin zu ein- und zweisilbigen Wörtern mit Konsonantenhäufung sowie drei- bzw. mehrsilbigen Wörtern. Durch die **nach Sprechsilben segmentierte Schreibweise** wird den Schülern eine zusätzliche Hilfe beim schnellen Erfassen der Wörter gegeben. Bei Bedarf können zusätzlich Silbenbögen oder Bindestriche eingezeichnet oder die Silben farbig markiert werden. Der große Schriftgrad unterstützt ebenfalls bei der Durchgliederung.

Die sich **anschließenden Arbeitsblätter** bieten angelehnt an die Lesekartei das Wortmaterial in verschiedenen Schwierigkeitsstufen erneut an. Die Aufgabenformen greifen das Wortmaterial der Lesekartei auf und **festigen das sinnentnehmende Lesen auf der Wortebene**. Es gibt hier zwar keine Pseudowörter mehr, mitunter sind hier jedoch ähnliche Wörter auf einem Arbeitsblatt zusammengestellt, um das genaue Überprüfen der aus dem Kontext entwickelten Sinnerwartung herauszufordern. Da mehr Bildmaterial als Wörter angeboten wird, ist auch beim letzten Wort noch sinnentnehmendes Lesen erforderlich. Die Übungsform „falsche" Wörter zu finden soll verstärkt das Überprüfen von gebildeten Hypothesen durch genaues, konzentriertes Nachlesen trainieren. Bei den Übungen, bei denen nicht zum Bild passende Wörter durchgestrichen bzw. angekreuzt werden sollen, begeben sich die Kinder auf die Fehlersuche und sind dadurch motiviert, genau zu lesen.

### Arbeit mit dem Material

Die **Lesekartei** ist als Kartei für die selbstständige, freie Arbeit konzipiert und daher mit einer Selbstkontrollmöglichkeit ausgestattet. Die jeweiligen Karteikarten sollten dafür in der Mitte geknickt und anschließend laminiert werden. Für eine über die Symbole hinausgehende, sichtbare Struktur kann die Kartei auf unterschiedlich farbiges Papier (je nach Schwierigkeitsstufe) kopiert werden. Durch eigenständiges Abstempeln auf dem Übersichtsplan (ggf. auch farblich anpassen) können die Schüler die Übersicht über bereits bearbeitete Karten behalten. Der obere Teil der Karteikarte kann ebenfalls als Arbeitsblatt kopiert und für die zusätzliche Übung zu Hause genutzt werden.

Ebenso können natürlich auch die **als vertiefende Übung** für die unterrichtliche Arbeit konzipierten **Arbeitsblätter** laminiert und als wiederverwendbares Material für die freie Arbeit genutzt werden.

Insgesamt ist es natürlich auch möglich, die Karteikarten als Arbeitsblätter einzusetzen. Dazu kann die Kontrollmöglichkeit abgetrennt und ausgelegt oder wie bei dem Einsatz als Kartei einfach umgeknickt werden.

**Wie Sie das Material einsetzen möchten, können Sie flexibel auf Ihre jeweilige Lerngruppe und Lernsituation abstimmen.**


© Persen Verlag

# MEINE LESEKARTEI

Name: ______________________

Das habe ich schon geschafft:

| 1 | | 2 | | 3 | | 4 | |
|---|---|---|---|---|---|---|---|
| 5 | | 6 | | 7 | | 8 | |

# LESEKARTEI-PASS

Name: ______________________

geschafft am: ______________

geschafft am: ______________

geschafft am: ______________

geschafft am: ______________

geschafft am: ______________

**Herzlichen Glückwunsch,**
**du bist nun Wort-Leseprofi!**

Hinweis: Die Kinder malen jeweils die Sterne entsprechend der bearbeiteten Stufe an.


© Persen Verlag

## Kreuze an, was richtig ist.

1

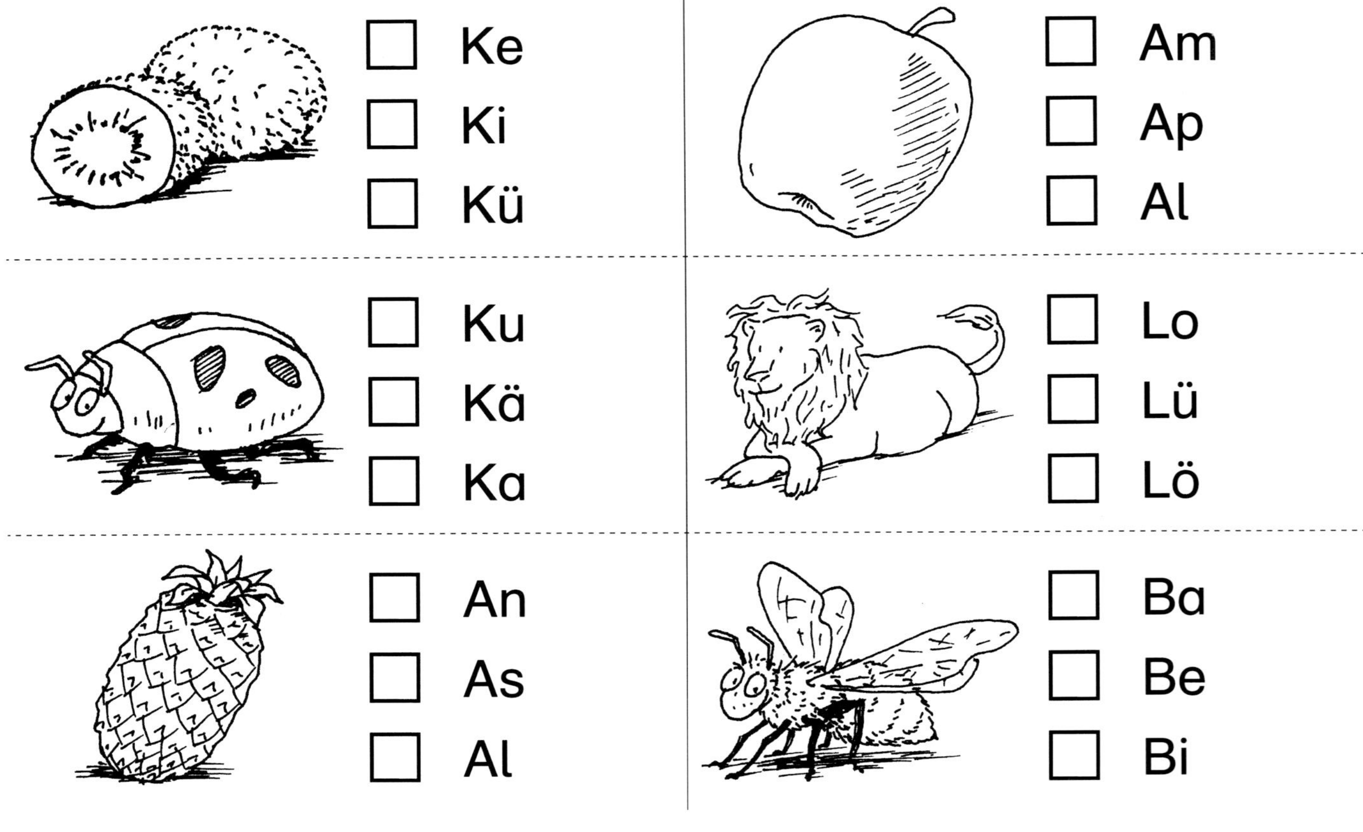

| | | | |
|---|---|---|---|
| ☐ Ke | ☐ Ku | ☐ An | |
| ☐ Ki | ☐ Kä | ☐ As | |
| ☐ Kü | ☐ Ka | ☐ Al | |

| | | |
|---|---|---|
| ☐ Am | ☐ Lo | ☐ Ba |
| ☐ Ap | ☐ Lü | ☐ Be |
| ☐ Al | ☐ Lö | ☐ Bi |

✂Hier umknicken oder abtrennen

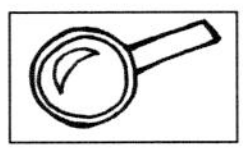

## Alles richtig gemacht?

1

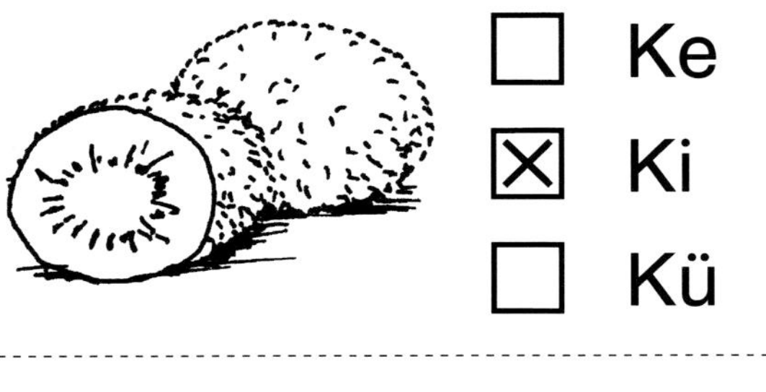

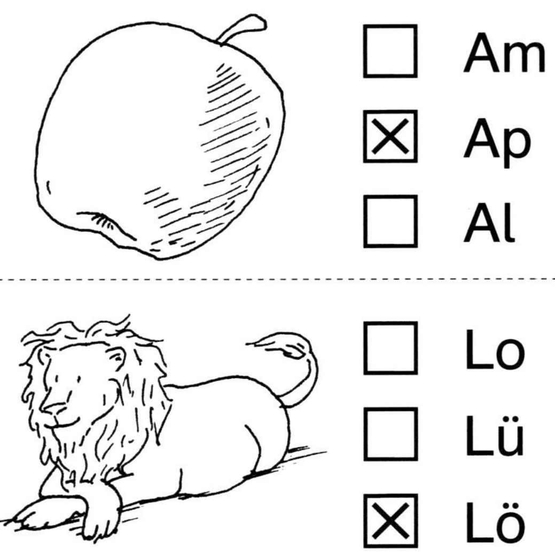

| | | |
|---|---|---|
| ☐ Ke | ☐ Ku | ☒ An |
| ☒ Ki | ☒ Kä | ☐ As |
| ☐ Kü | ☐ Ka | ☐ Al |

| | | |
|---|---|---|
| ☐ Am | ☐ Lo | ☐ Ba |
| ☒ Ap | ☐ Lü | ☐ Be |
| ☐ Al | ☒ Lö | ☒ Bi |


© Persen Verlag

## Kreuze an, was richtig ist.

2

- ☐ Kö
- ☐ Kä
- ☐ Kü

- ☐ Bro
- ☐ Bar
- ☐ Bru

- ☐ Au
- ☐ Ar
- ☐ An

- ☐ Wa
- ☐ Wu
- ☐ Wo

- ☐ No
- ☐ Nu
- ☐ Na

- ☐ Scha
- ☐ Schu
- ☐ Scho

Hier umknicken oder abtrennen

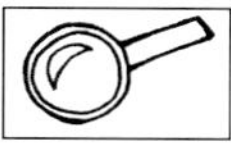

## Alles richtig gemacht?

2

- ☐ Kö
- ☒ Kä
- ☐ Kü

- ☒ Bro
- ☐ Bar
- ☐ Bru

- ☐ Au
- ☒ Ar
- ☐ An

- ☒ Wa
- ☐ Wu
- ☐ Wo

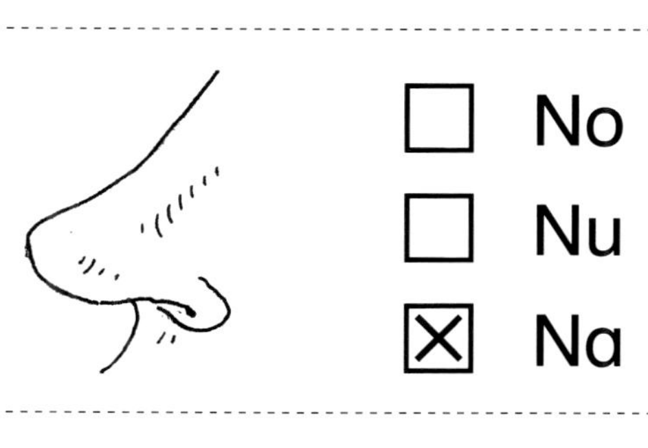

- ☐ No
- ☐ Nu
- ☒ Na

- ☐ Scha
- ☐ Schu
- ☒ Scho


© Persen Verlag

## Kreuze an, was richtig ist. ☆ 3

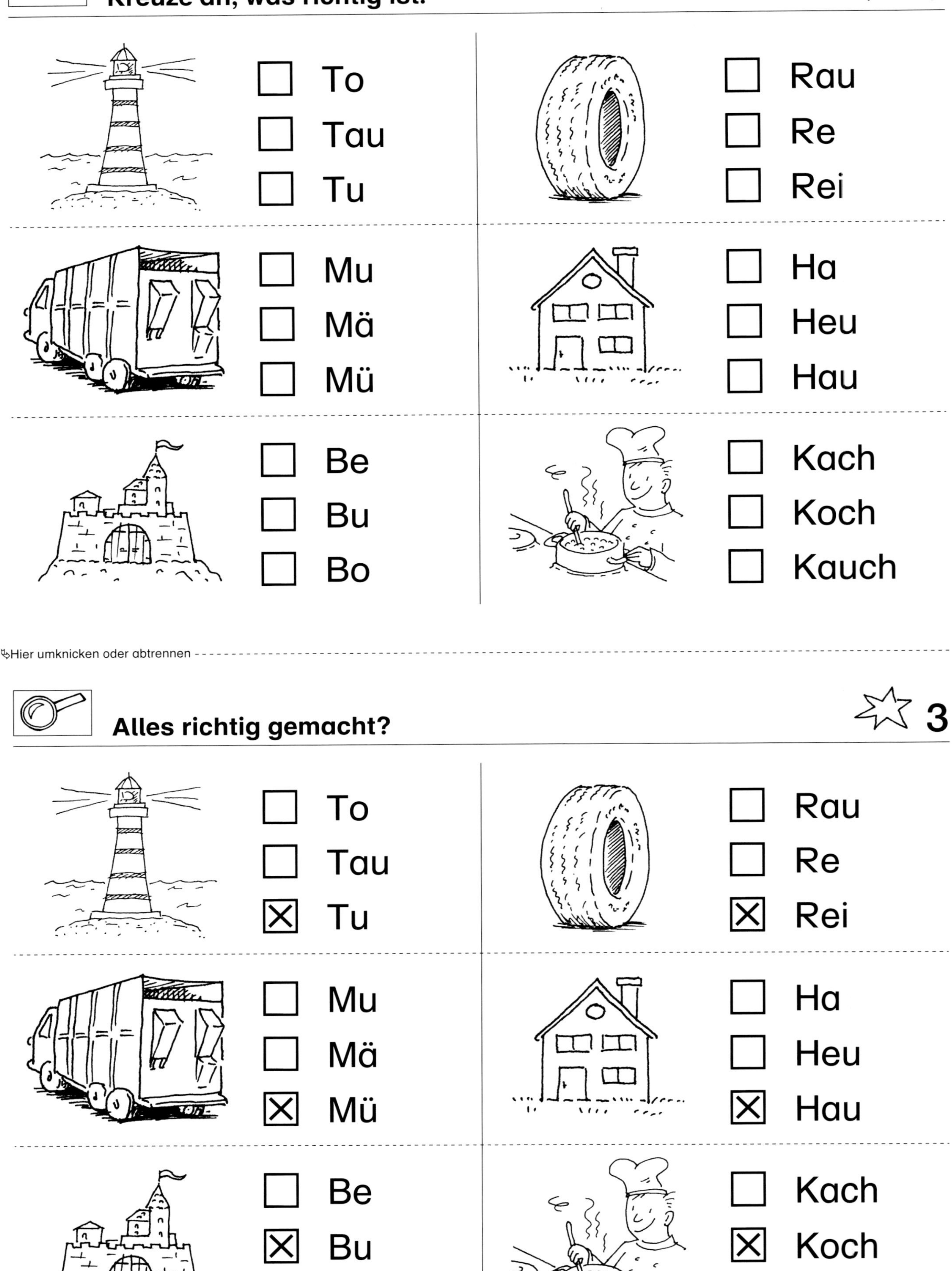




Katrin Wemmer: Das Lese-Trainingsprogramm: Wortebene
© Persen Verlag

## Kreuze an, was richtig ist.

☆ 4

- ☐ Ho
- ☐ Hu
- ☐ Ha

- ☐ Eun
- ☐ En
- ☐ Ein

- ☐ Ple
- ☐ Pla
- ☐ Plo

- ☐ Re
- ☐ Ra
- ☐ Ri

- ☐ Fi
- ☐ Fu
- ☐ Fau

- ☐ Ra
- ☐ Re
- ☐ Ru

✁ Hier umknicken oder abtrennen

## Alles richtig gemacht?

☆ 4

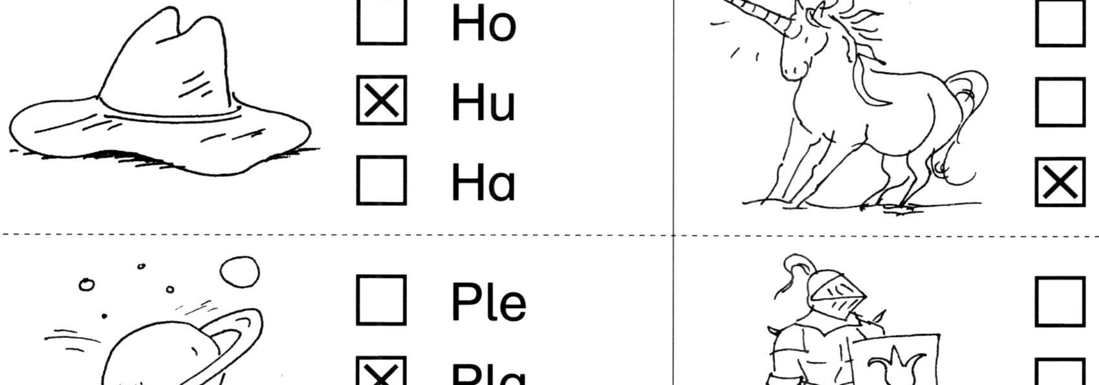

- ☐ Ho
- ☒ Hu
- ☐ Ha

- ☐ Eun
- ☐ En
- ☒ Ein

- ☐ Ple
- ☒ Pla
- ☐ Plo

- ☐ Re
- ☐ Ra
- ☒ Ri

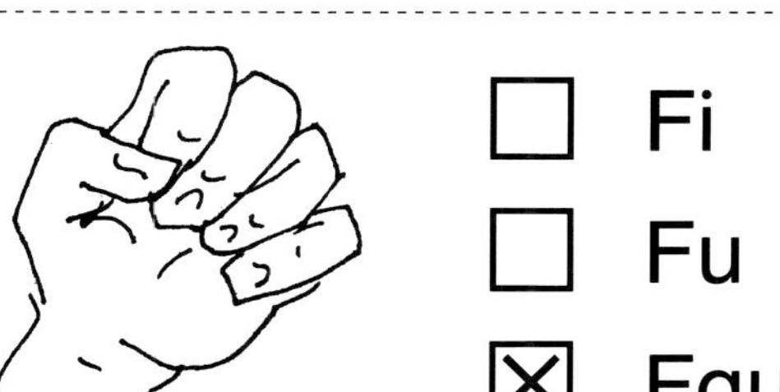

- ☐ Fi
- ☐ Fu
- ☒ Fau

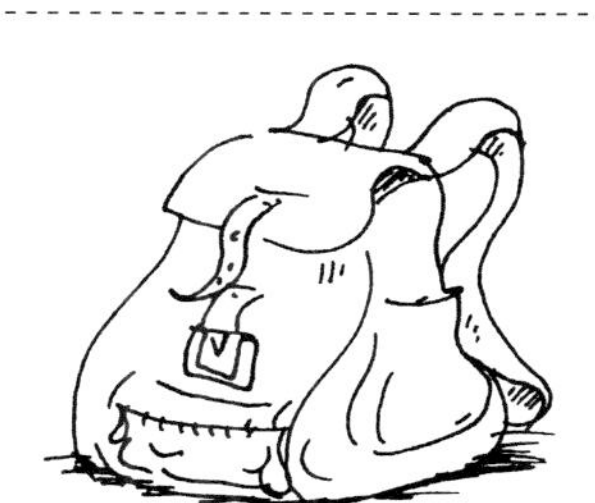

- ☐ Ra
- ☐ Re
- ☒ Ru


© Persen Verlag

## Kreuze an, was richtig ist.

5

| | |
|---|---|
| ☐ Ka<br>☐ Ke<br>☐ Ko | ☐ Tru<br>☐ Tro<br>☐ Tre |
| ☐ Mu<br>☐ Mau<br>☐ Ma | ☐ Schu<br>☐ Scha<br>☐ Scho |
| ☐ Flü<br>☐ Flä<br>☐ Flö | ☐ Tru<br>☐ Tra<br>☐ Tre |

✂ Hier umknicken oder abtrennen

## Alles richtig gemacht?

5

| | |
|---|---|
| ☐ Ka<br>☒ Ke<br>☐ Ko | ☐ Tru<br>☒ Tro<br>☐ Tre |
| ☐ Mu<br>☒ Mau<br>☐ Ma | ☒ Schu<br>☐ Scha<br>☐ Scho |
| ☐ Flü<br>☐ Flä<br>☒ Flö | ☐ Tru<br>☐ Tra<br>☒ Tre |


© Persen Verlag

## Kreuze an, was richtig ist. ☆ 6

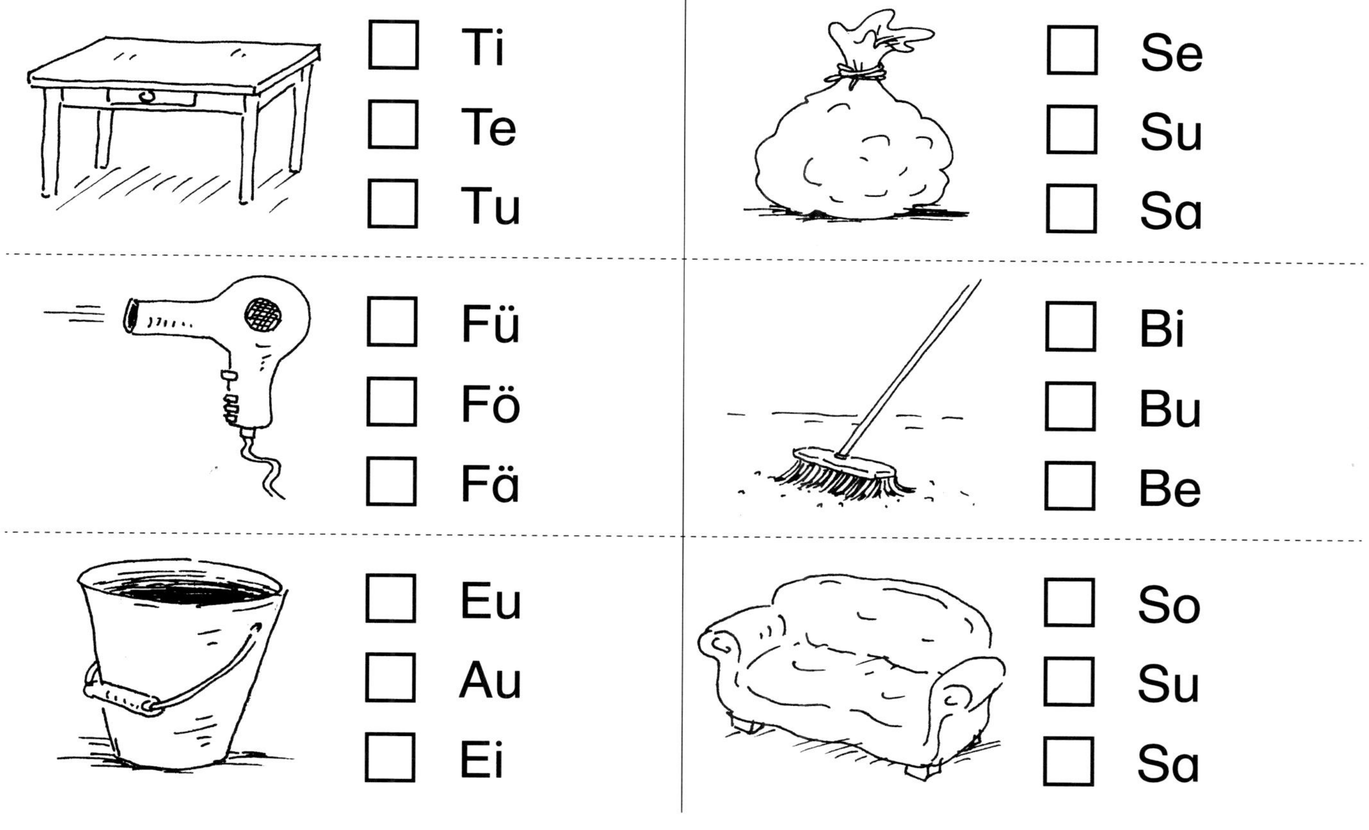


✂ Hier umknicken oder abtrennen

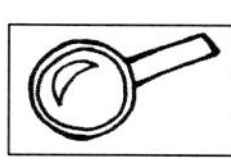

## Alles richtig gemacht?

6

© Persen Verlag

## Kreuze an, was richtig ist.

7

- ☐ Au
- ☐ Eu
- ☐ Ei

- ☐ Nu
- ☐ Ne
- ☐ Na

- ☐ Li
- ☐ Lu
- ☐ Le

- ☐ Fi
- ☐ Fo
- ☐ Fe

- ☐ Pi
- ☐ Pa
- ☐ Pu

- ☐ Ku
- ☐ Ka
- ☐ Ko

✂Hier umknicken oder abtrennen

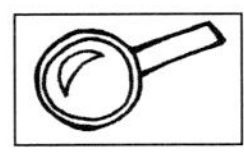

## Alles richtig gemacht?

7

Katrin Wemmer: Das Lese-Trainingsprogramm: Wortebene
© Persen Verlag

## Kreuze an, was richtig ist.

 8

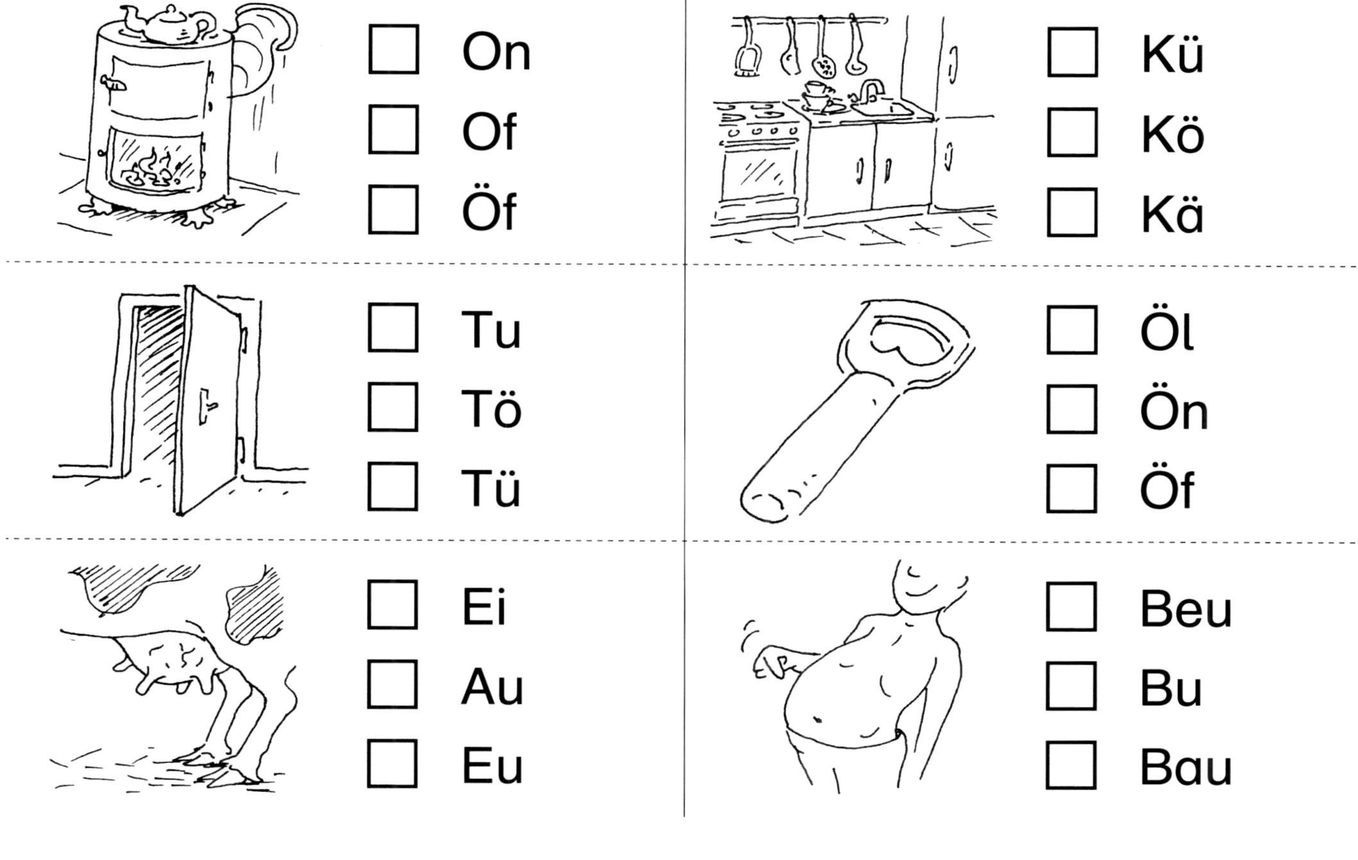

| | | |
|---|---|---|
| ☐ On | | ☐ Kü |
| ☐ Of | | ☐ Kö |
| ☐ Öf | | ☐ Kä |
| ☐ Tu | | ☐ Öl |
| ☐ Tö | | ☐ Ön |
| ☐ Tü | | ☐ Öf |
| ☐ Ei | | ☐ Beu |
| ☐ Au | | ☐ Bu |
| ☐ Eu | | ☐ Bau |

✂ Hier umknicken oder abtrennen

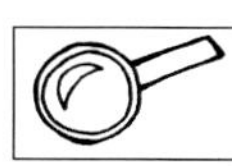

## Alles richtig gemacht?

 8

☐ On
☒ Of
☐ Öf

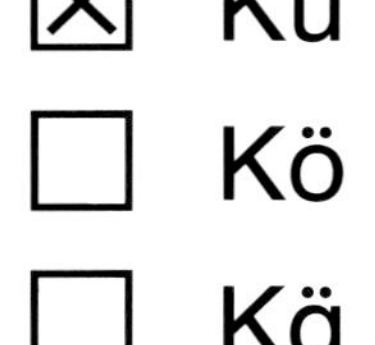

☒ Kü
☐ Kö
☐ Kä

☐ Tu
☐ Tö
☒ Tü

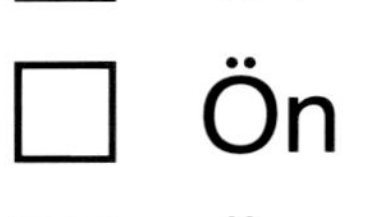

☐ Öl
☐ Ön
☒ Öf

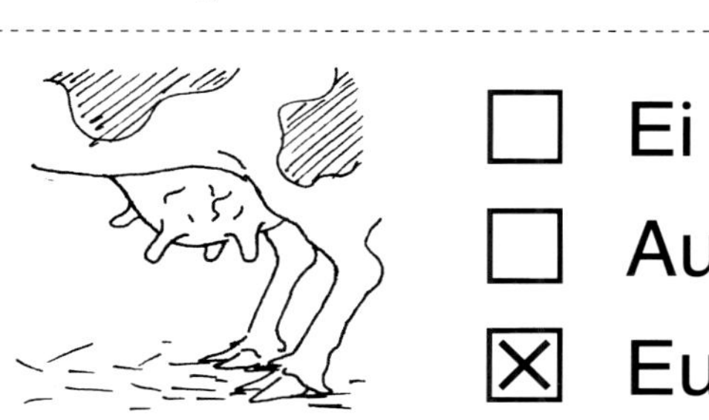

☐ Ei
☐ Au
☒ Eu

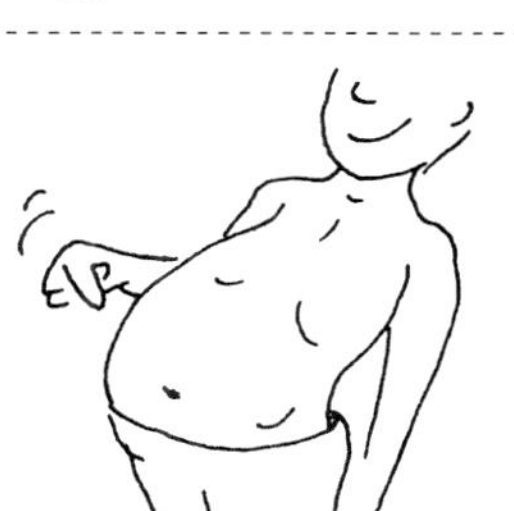

☐ Beu
☐ Bu
☒ Bau


© Persen Verlag

## Kreuze an, was richtig ist.

1

- ☐ Beif
- ☐ Beul
- ☐ Beil

- ☐ Eu ge
- ☐ Au ge
- ☐ Au be

- ☐ bo den
- ☐ bu den
- ☐ ba den

- ☐ Bull
- ☐ Baff
- ☐ Ball

- ☐ Eim
- ☐ Eis
- ☐ Eus

- ☐ An to
- ☐ A tou
- ☐ Au to

Hier umknicken oder abtrennen

## Alles richtig gemacht?

1

- ☐ Beif
- ☐ Beul
- ☒ Beil

- ☐ Eu ge
- ☒ Au ge
- ☐ Au be

- ☐ bo den
- ☐ bu den
- ☒ ba den

- ☐ Bull
- ☐ Baff
- ☒ Ball

- ☐ Eim
- ☒ Eis
- ☐ Eus

- ☐ An to
- ☐ A tou
- ☒ Au to



Katrin Wemmer: Das Lese-Trainingsprogramm: Wortebene
© Persen Verlag

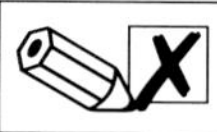

## Kreuze an, was richtig ist. 2

☐ Ha se
☐ Ho se
☐ Hu se
☐ He se

☐ Ho se
☐ Hu sa
☐ Ha se

☐ Glos
☐ Glus
☐ Glas

☐ Heus
☐ Hauf
☐ Haus
☐ Hausch

☐ Hei
☐ Heu
☐ Hau

☐ Fuss
☐ Fauss
☐ Fass

✄ Hier umknicken oder abtrennen

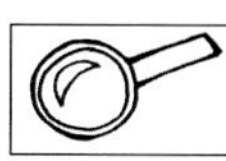

## Alles richtig gemacht?  2

☐ Ha se
☒ Ho se
☐ Hu se
☐ He se

☐ Ho se
☐ Hu sa
☒ Ha se

☐ Glos
☐ Glus
☒ Glas

☐ Heus
☐ Hauf
☒ Haus
☐ Hausch

☐ Hei
☒ Heu
☐ Hau

☐ Fuss
☐ Fauss
☒ Fass


© Persen Verlag

## Kreuze an, was richtig ist. ☆☆ 3

- [ ] Ma fo
- [ ] Mo fo
- [ ] Ma fa
- [ ] Mo fa

- [ ] Menn
- [ ] Monn
- [ ] Mann

- [ ] Mist
- [ ] Mast
- [ ] Mais

- [ ] Ra se
- [ ] Ro se
- [ ] Ru se
- [ ] Ru sa

- [ ] No se
- [ ] Na se
- [ ] Ne se

- [ ] Meus
- [ ] Mäus
- [ ] Maus

✂ Hier umknicken oder abtrennen

## Alles richtig gemacht? ☆☆ 3

- [ ] Ma fo
- [ ] Mo fo
- [ ] Ma fa
- [x] Mo fa

- [ ] Menn
- [ ] Monn
- [x] Mann

- [ ] Mist
- [ ] Mast
- [x] Mais

- [ ] Ra se
- [x] Ro se
- [ ] Ru se
- [ ] Ru sa

- [ ] No se
- [x] Na se
- [ ] Ne se

- [ ] Meus
- [ ] Mäus
- [x] Maus




© Persen Verlag

## Kreuze an, was richtig ist. 4

- [ ] Bar
- [ ] Bör
- [ ] Bär
- [ ] Bor

- [ ] Schaf
- [ ] Schof
- [ ] Schuf

- [ ] Schul
- [ ] Schal
- [ ] Schol

- [ ] Sa lot
- [ ] Sa lat
- [ ] So lot

- [ ] Teuch
- [ ] Tich
- [ ] Teich
- [ ] Tach

- [ ] Rod
- [ ] Rad
- [ ] Rud

✄Hier umknicken oder abtrennen

## Alles richtig gemacht? 4

- [ ] Bar
- [ ] Bör
- [x] Bär
- [ ] Bor

- [x] Schaf
- [ ] Schof
- [ ] Schuf

- [ ] Schul
- [x] Schal
- [ ] Schol

- [ ] Sa lot
- [x] Sa lat
- [ ] So lot

- [ ] Teuch
- [ ] Tich
- [x] Teich
- [ ] Tach

- [ ] Rod
- [x] Rad
- [ ] Rud


© Persen Verlag

**Kreuze an, was richtig ist.** ☆☆ 5

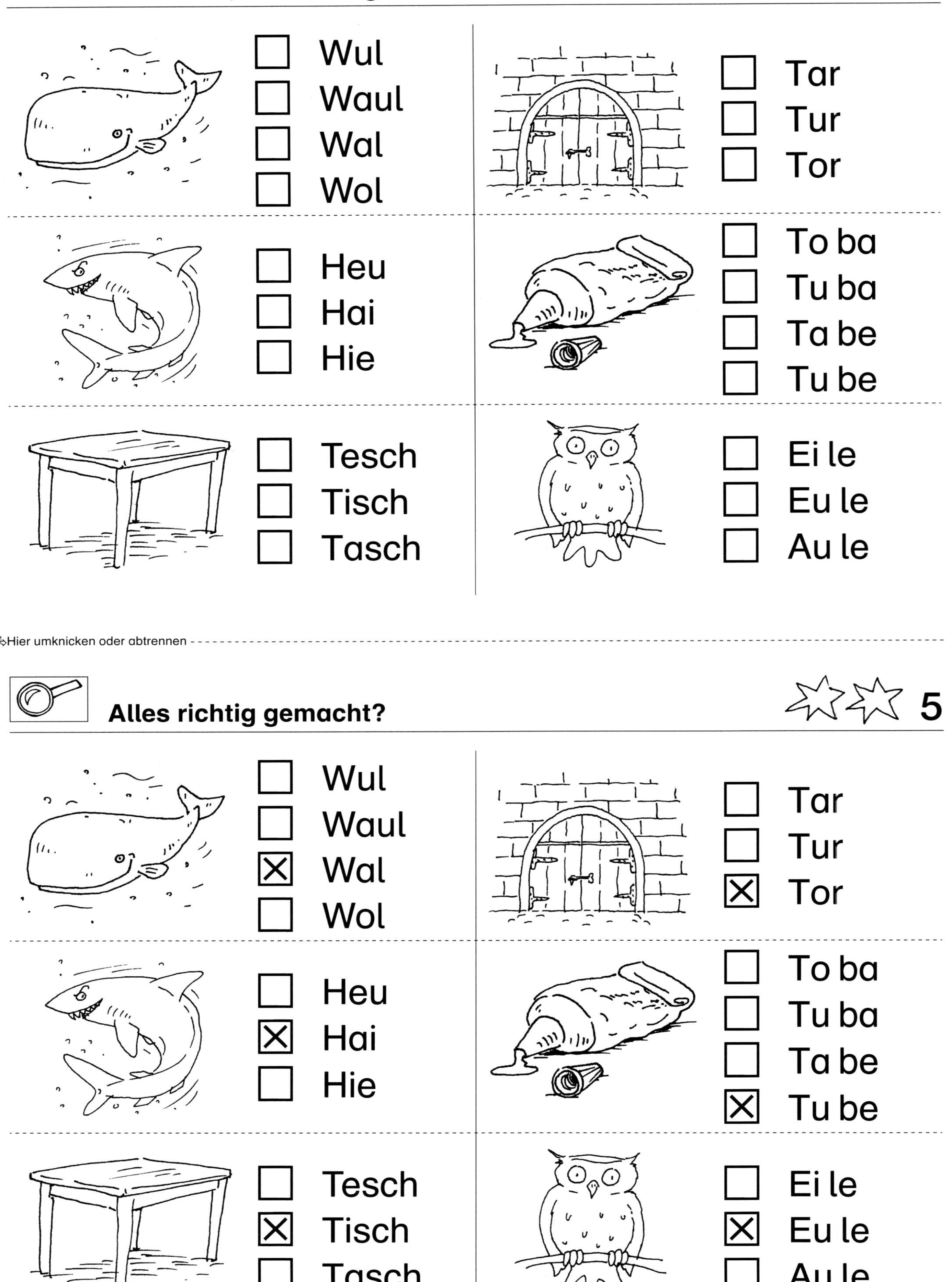





© Persen Verlag

## Kreuze an, was richtig ist. 6

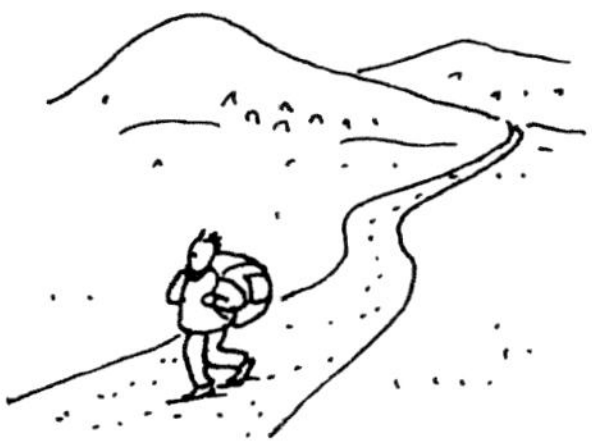

- ☐ Wag
- ☐ Wig
- ☐ Weg
- ☐ Wug

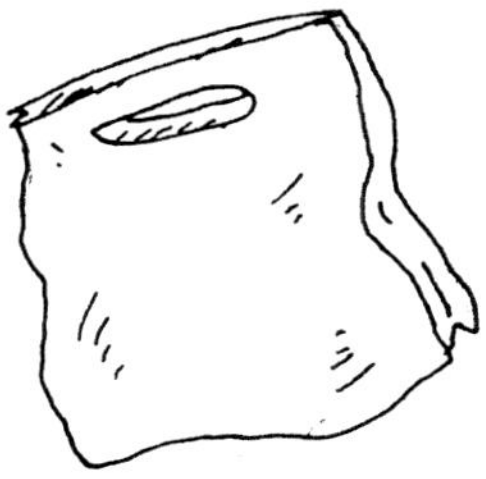

- ☐ Zeun
- ☐ Zein
- ☐ Zaun

- ☐ To te
- ☐ Tu te
- ☐ Tü te

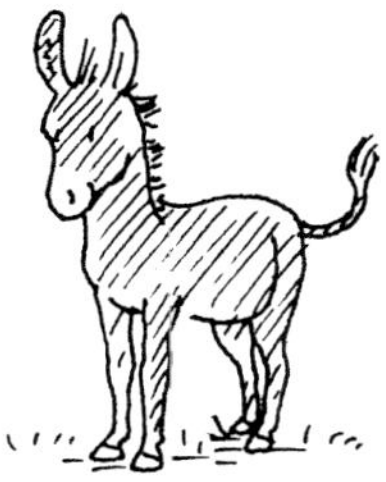

- ☐ Zag
- ☐ Zug
- ☐ Zog
- ☐ Züg

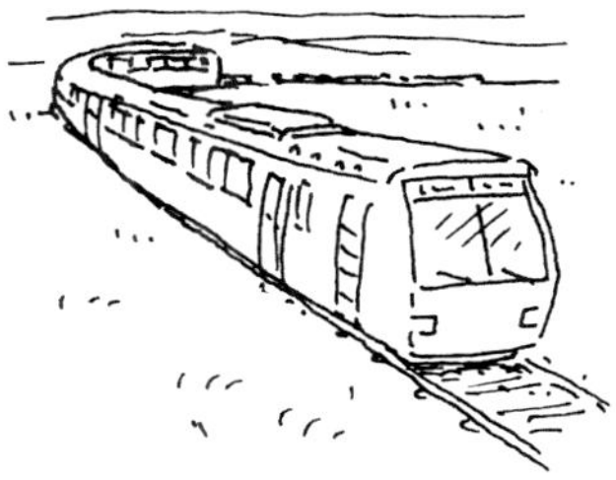

- ☐ E sal
- ☐ E sel
- ☐ E sil

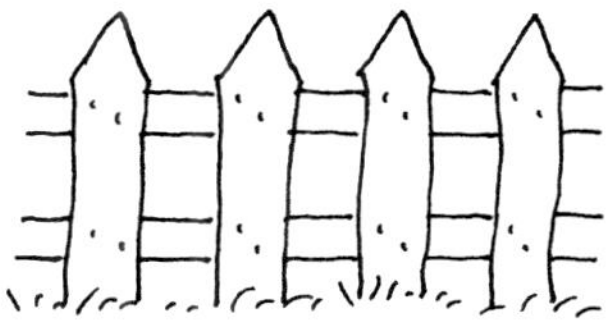

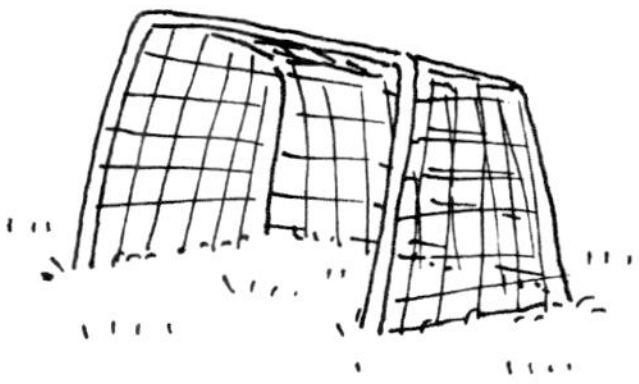

- ☐ Tar
- ☐ Tro
- ☐ Tor

✂ Hier umknicken oder abtrennen

## Alles richtig gemacht? 6

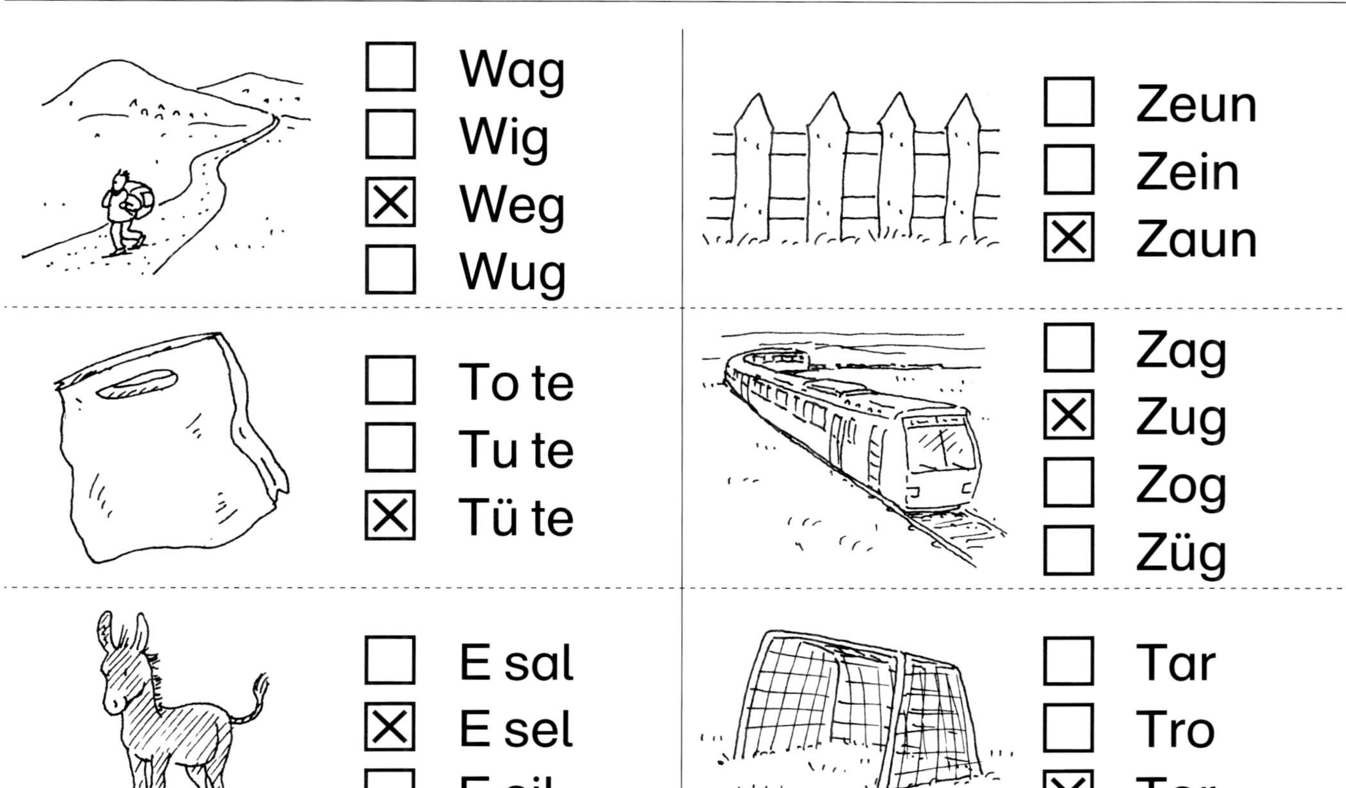
- ☐ Wag
- ☐ Wig
- ☒ Weg
- ☐ Wug

- ☐ Zeun
- ☐ Zein
- ☒ Zaun

- ☐ To te
- ☐ Tu te
- ☒ Tü te

- ☐ Zag
- ☒ Zug
- ☐ Zog
- ☐ Züg

- ☐ E sal
- ☒ E sel
- ☐ E sil

- ☐ Tar
- ☐ Tro
- ☒ Tor


© Persen Verlag

## Kreuze an, was richtig ist.

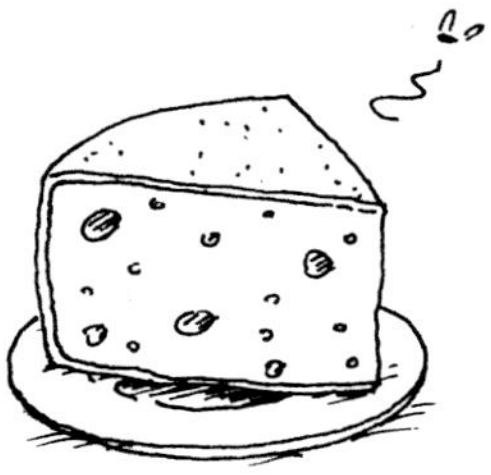

- ☐ Ka se
- ☐ Kä se
- ☐ Ku se
- ☐ Kä su

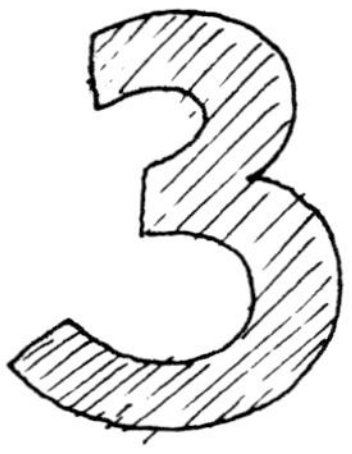

- ☐ Dreu
- ☐ Dru
- ☐ Drei

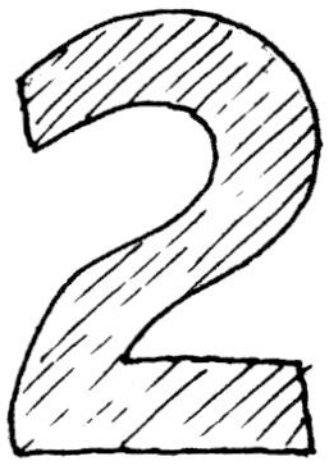

- ☐ Zwei
- ☐ Zweu
- ☐ Zwe

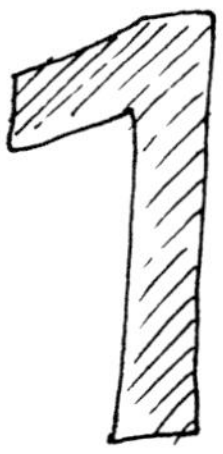

- ☐ Euns
- ☐ Eims
- ☐ Eins
- ☐ Enis

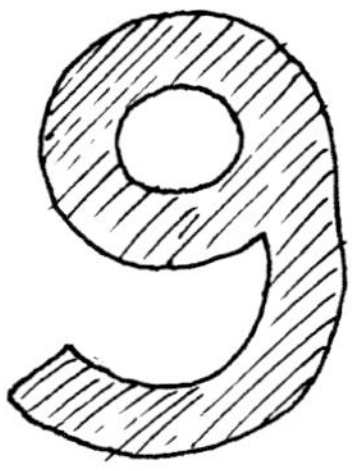

- ☐ Naun
- ☐ Neun
- ☐ Nein

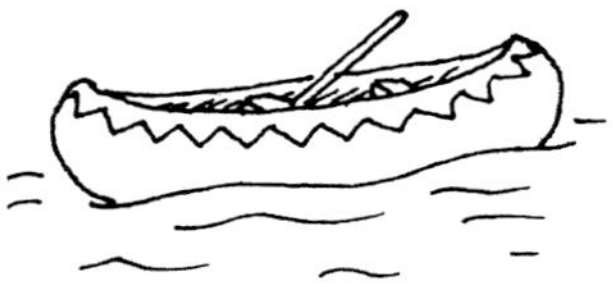

- ☐ Ku na
- ☐ Ka na
- ☐ Ka nu

Hier umknicken oder abtrennen

7

## Alles richtig gemacht?

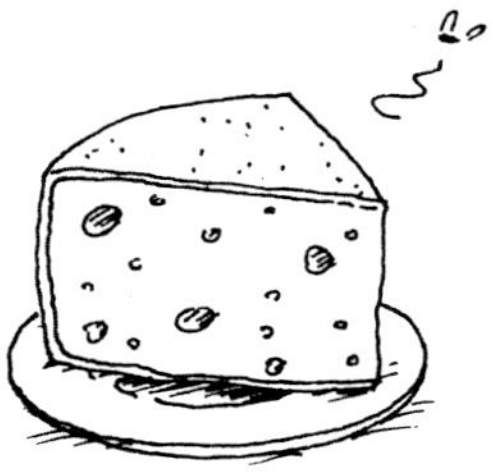

- ☐ Ka se
- ☒ Kä se
- ☐ Ku se
- ☐ Kä su

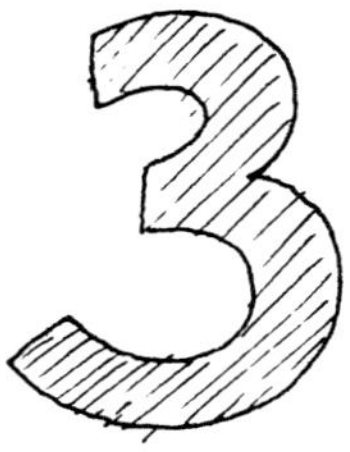

- ☐ Dreu
- ☐ Dru
- ☒ Drei

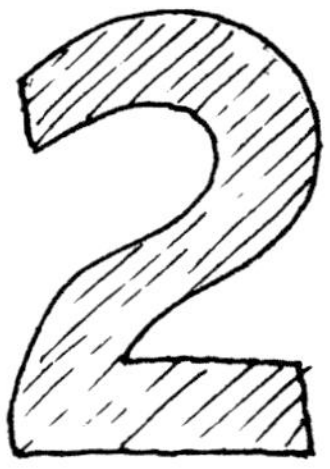

- ☒ Zwei
- ☐ Zweu
- ☐ Zwe

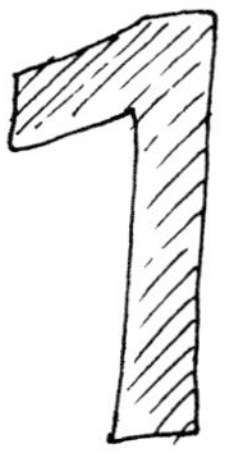

- ☐ Euns
- ☐ Eims
- ☒ Eins
- ☐ Enis

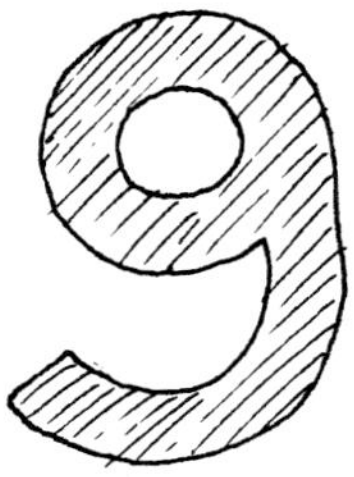

- ☐ Naun
- ☒ Neun
- ☐ Nein

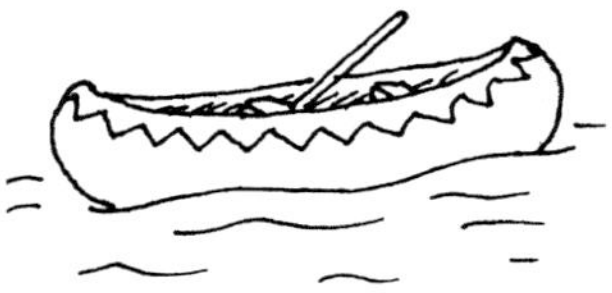

- ☐ Ku na
- ☐ Ka na
- ☒ Ka nu



Katrin Wemmer: Das Lese-Trainingsprogramm: Wortebene
© Persen Verlag

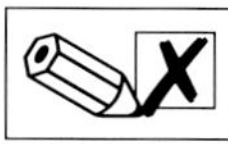

## Kreuze an, was richtig ist.

8

| | |
|---|---|
| ☐ Tur<br>☐ Tär<br>☐ Tür<br>☐ Tör | ☐ Tol<br>☐ Tul<br>☐ Tal |
| ☐ Hot<br>☐ Hut<br>☐ Hat | ☐ Lo mi<br>☐ Li mo<br>☐ Li mi<br>☐ Lo mo |
| ☐ Eu no<br>☐ Eu ro<br>☐ Ei ro | ☐ Ki mi<br>☐ Ka wi<br>☐ Ki wi |

Hier umknicken oder abtrennen

## Alles richtig gemacht?

8

| | |
|---|---|
| ☐ Tur<br>☐ Tär<br>☒ Tür<br>☐ Tör | ☐ Tol<br>☐ Tul<br>☒ Tal |
| ☐ Hot<br>☒ Hut<br>☐ Hat | ☐ Lo mi<br>☒ Li mo<br>☐ Li mi<br>☐ Lo mo |
| ☐ Eu no<br>☒ Eu ro<br>☐ Ei ro | ☐ Ki mi<br>☐ Ka wi<br>☒ Ki wi |


© Persen Verlag

## Kreuze an, was richtig ist.

☆☆☆ 1

- ☐ Funf
- ☐ Fünf
- ☐ Fänf
- ☐ Fanf

- ☐ Amr
- ☐ Annr
- ☐ Arm

- ☐ At te
- ☐ Af fo
- ☐ Af fe

- ☐ Del fan
- ☐ Del fin
- ☐ Del fun
- ☐ Dul fen

- ☐ Tu sche
- ☐ Tau sche
- ☐ Ta sche

- ☐ Am pil
- ☐ Am pal
- ☐ Am pel

✁Hier umknicken oder abtrennen

## Alles richtig gemacht?

☆☆☆ 1

- ☐ Funf
- ☒ Fünf
- ☐ Fänf
- ☐ Fanf

- ☐ Amr
- ☐ Annr
- ☒ Arm

- ☐ At te
- ☐ Af fo
- ☒ Af fe

- ☐ Del fan
- ☒ Del fin
- ☐ Del fun
- ☐ Dul fen

- ☐ Tu sche
- ☐ Tau sche
- ☒ Ta sche

- ☐ Am pil
- ☐ Am pal
- ☒ Am pel



Katrin Wemmer: Das Lese-Trainingsprogramm: Wortebene
© Persen Verlag

## Kreuze an, was richtig ist. 2

- [ ] Heift
- [ ] Heft
- [ ] Huft
- [ ] Haft

- [ ] Blö te
- [ ] Blu te
- [ ] Blü te

- [ ] Brit
- [ ] Brat
- [ ] Brot

- [ ] Zalt
- [ ] Zelf
- [ ] Zelt

- [ ] Britt
- [ ] Brett
- [ ] Breit
- [ ] Brött

- [ ] Bir me
- [ ] Bri ne
- [ ] Bir ne

Hier umknicken oder abtrennen

## Alles richtig gemacht? 2

- [ ] Heift
- [x] Heft
- [ ] Huft
- [ ] Haft

- [ ] Blö te
- [ ] Blu te
- [x] Blü te

- [ ] Brit
- [ ] Brat
- [x] Brot

- [ ] Zalt
- [ ] Zelf
- [x] Zelt

- [ ] Britt
- [x] Brett
- [ ] Breit
- [ ] Brött

- [ ] Bir me
- [ ] Bri ne
- [x] Bir ne


© Persen Verlag

## Kreuze an, was richtig ist. ☆☆☆ 3

☐ Ga bel
☐ Go bel
☐ Ga bal
☐ Go bel

☐ ba den
☐ ba pen
☐ ba ben

☐ Eu mer
☐ Ei ner
☐ Ei mer

☐ Bö gel
☐ Bu gel
☐ Ba gel
☐ Bü gel

☐ Breif
☐ Bref
☐ Brief

☐ Ka mel
☐ Ko mel
☐ Ku mel

✂ Hier umknicken oder abtrennen

## Alles richtig gemacht?

3

☒ Ga bel
☐ Go bel
☐ Ga bal
☐ Go bel

☒ ba den
☐ ba pen
☐ ba ben

☐ Eu mer
☐ Ei ner
☒ Ei mer

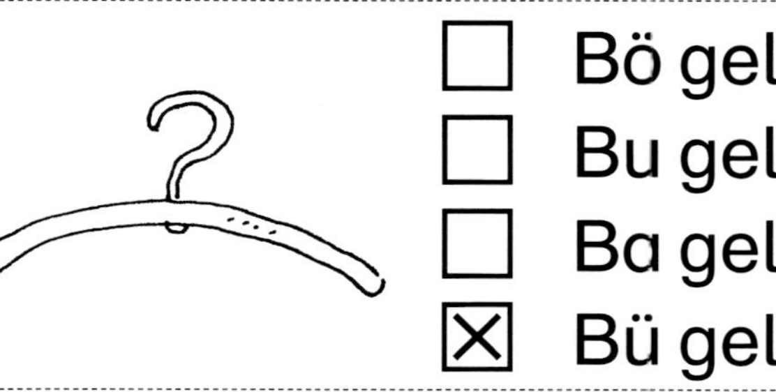

☐ Bö gel
☐ Bu gel
☐ Ba gel
☒ Bü gel

☐ Breif
☐ Bref
☒ Brief

☒ Ka mel
☐ Ko mel
☐ Ku mel



Katrin Wemmer: Das Lese-Trainingsprogramm: Wortebene
© Persen Verlag

## Kreuze an, was richtig ist. 4

- ☐ Hund
- ☐ Hemd
- ☐ Hamd
- ☐ Hand

- ☐ Geist
- ☐ Geust
- ☐ Gaust

- ☐ Te ger
- ☐ Ti ger
- ☐ Tu ger

- ☐ Berd
- ☐ Berm
- ☐ Berg
- ☐ Berb

- ☐ Gald
- ☐ Gelb
- ☐ Geld

- ☐ Frasch
- ☐ Frösch
- ☐ Frosch

✄ Hier umknicken oder abtrennen

## Alles richtig gemacht? 4

- ☐ Hund
- ☐ Hemd
- ☐ Hamd
- ☒ Hand

- ☒ Geist
- ☐ Geust
- ☐ Gaust

- ☐ Te ger
- ☒ Ti ger
- ☐ Tu ger

- ☐ Berd
- ☐ Berm
- ☒ Berg
- ☐ Berb

- ☐ Gald
- ☐ Gelb
- ☒ Geld

- ☐ Frasch
- ☐ Frösch
- ☒ Frosch


© Persen Verlag

## Kreuze an, was richtig ist. 5

- [ ] Kä tig
- [ ] Kä fig
- [ ] Ka fig
- [ ] Kö fig

- [ ] Kut ze
- [ ] Kat ze
- [ ] Kaf fe

- [ ] Hand
- [ ] Hemd
- [ ] Hund

- [ ] Im sel
- [ ] In sal
- [ ] In sel
- [ ] In sef

- [ ] Kon ne
- [ ] Kan ne
- [ ] Kau ne

- [ ] Holz
- [ ] Hulz
- [ ] Helz

✂Hier umknicken oder abtrennen

## Alles richtig gemacht? 5

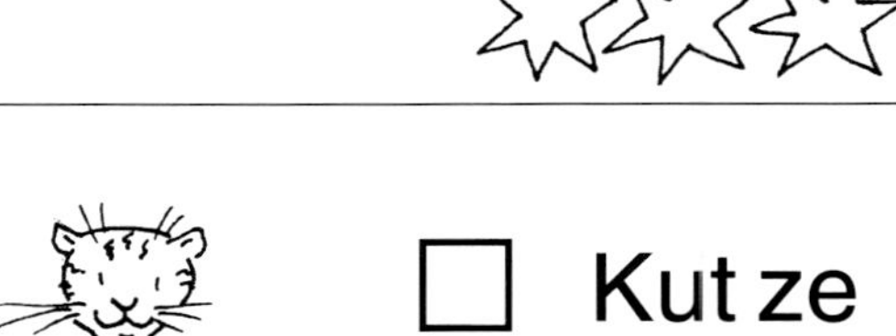

- [ ] Kä tig
- [x] Kä fig
- [ ] Ka fig
- [ ] Kö fig

- [ ] Kut ze
- [x] Kat ze
- [ ] Kaf fe

- [ ] Hand
- [ ] Hemd
- [x] Hund

- [ ] Im sel
- [ ] In sal
- [x] In sel
- [ ] In sef

- [ ] Kon ne
- [x] Kan ne
- [ ] Kau ne

- [x] Holz
- [ ] Hulz
- [ ] Helz



Katrin Wemmer: Das Lese-Trainingsprogramm: Wortebene
© Persen Verlag

## Kreuze an, was richtig ist. 6

- [ ] Pelz
- [ ] Pilz
- [ ] Pulz
- [ ] Pifz

- [ ] Nucht
- [ ] Nascht
- [ ] Nacht

- [ ] Mund
- [ ] Mand
- [ ] Mond

- [ ] Pe kat
- [ ] Pa ket
- [ ] Pa kat
- [ ] Pe ket

- [ ] Nu del
- [ ] No del
- [ ] Na del

- [ ] Nist
- [ ] Nast
- [ ] Nest

✄ Hier umknicken oder abtrennen

## Alles richtig gemacht? 6

- [ ] Pelz
- [x] Pilz
- [ ] Pulz
- [ ] Pifz

- [ ] Nucht
- [ ] Nascht
- [x] Nacht

- [x] Mund
- [ ] Mand
- [ ] Mond

- [ ] Pe kat
- [x] Pa ket
- [ ] Pa kat
- [ ] Pe ket

- [ ] Nu del
- [ ] No del
- [x] Na del

- [ ] Nist
- [ ] Nast
- [x] Nest


© Persen Verlag

## Kreuze an, was richtig ist. 7

| | |
|---|---|
| ☐ Solz<br>☐ Safz<br>☐ Salz<br>☐ Sulz | ☐ Schloss<br>☐ Schluss<br>☐ Schlass |
| ☐ Pen sal<br>☐ Pin sol<br>☐ Pin sel | ☐ Reu pe<br>☐ Rau pe<br>☐ Ran pe<br>☐ Ram pe |
| ☐ Ra gen<br>☐ Re gen<br>☐ Rei gen | ☐ Sund<br>☐ Saud<br>☐ Sand |

Hier umknicken oder abtrennen

## Alles richtig gemacht? 7

| | |
|---|---|
| ☐ Solz<br>☐ Safz<br>☒ Salz<br>☐ Sulz | ☒ Schloss<br>☐ Schluss<br>☐ Schlass |
| ☐ Pen sal<br>☐ Pin sol<br>☒ Pin sel | ☐ Reu pe<br>☒ Rau pe<br>☐ Ran pe<br>☐ Ram pe |
| ☐ Ra gen<br>☒ Re gen<br>☐ Rei gen | ☐ Sund<br>☐ Saud<br>☒ Sand |


© Persen Verlag

## Kreuze an, was richtig ist.

8

- ☐ Schrunk
- ☐ Schrauk
- ☐ Schrank
- ☐ Schronk

- ☐ Ral ler
- ☐ Rot ter
- ☐ Rol ler

- ☐ Warm
- ☐ Wurm
- ☐ Worm

- ☐ Schaff
- ☐ Schitt
- ☐ Schiff
- ☐ Scheff

- ☐ Scha re
- ☐ Sche ra
- ☐ Sche re

- ☐ Scharm
- ☐ Scherm
- ☐ Schirm

✂ Hier umknicken oder abtrennen

## Alles richtig gemacht?

8

- ☐ Schrunk
- ☐ Schrauk
- ☒ Schrank
- ☐ Schronk

- ☐ Ral ler
- ☐ Rot ter
- ☒ Rol ler

- ☐ Warm
- ☒ Wurm
- ☐ Worm

- ☐ Schaff
- ☐ Schitt
- ☒ Schiff
- ☐ Scheff

- ☐ Scha re
- ☐ Sche ra
- ☒ Sche re

- ☐ Scharm
- ☐ Scherm
- ☒ Schirm


© Persen Verlag

## Kreuze an, was richtig ist.

1

- [ ] Do che
- [ ] De che
- [ ] Dra che
- [ ] Drau che

- [ ] Deu men
- [ ] Däu men
- [ ] Dau men

- [ ] Bri zel
- [ ] Bre zal
- [ ] Bre zel

- [ ] En gal
- [ ] En del
- [ ] En gel
- [ ] Eu gel

- [ ] Ei chal
- [ ] Ei chel
- [ ] Eu chel

- [ ] Bors te
- [ ] Börs te
- [ ] Bürs te

Hier umknicken oder abtrennen

## Alles richtig gemacht?

1

- [ ] Do che
- [ ] De che
- [x] Dra che
- [ ] Drau che

- [ ] Deu men
- [ ] Däu men
- [x] Dau men

- [ ] Bri zel
- [ ] Bre zal
- [x] Bre zel

- [ ] En gal
- [ ] En del
- [x] En gel
- [ ] Eu gel

- [ ] Ei chal
- [x] Ei chel
- [ ] Eu chel

- [ ] Bors te
- [ ] Börs te
- [x] Bürs te



Katrin Wemmer: Das Lese-Trainingsprogramm: Wortebene
© Persen Verlag

## Kreuze an, was richtig ist. 2

- [ ] Fu sche
- [ ] Fro sche
- [ ] Frö sche
- [ ] Frä sche

- [ ] Flog zeig
- [ ] Flug zeug
- [ ] Flag zug

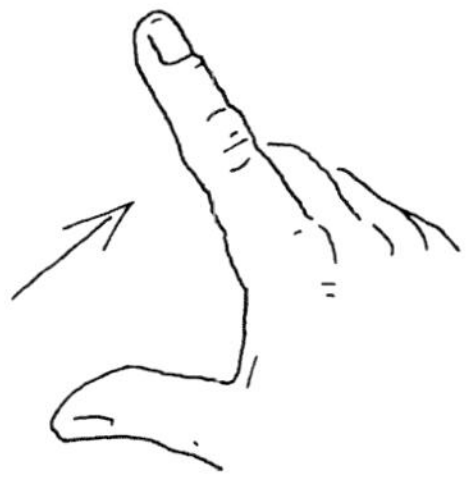

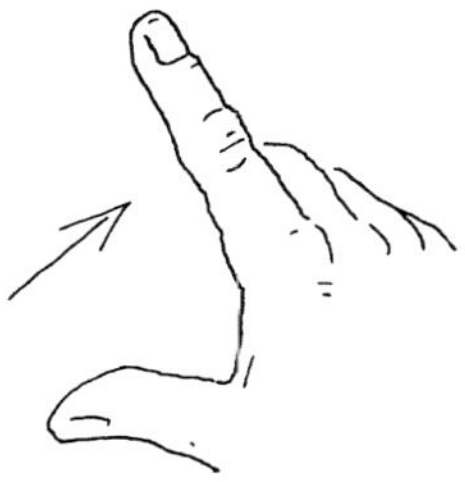

- [ ] Fin ger
- [ ] Fan ger
- [ ] Fen ger

- [ ] Flu gel
- [ ] Fla gel
- [ ] Fü gel
- [ ] Flü gel

- [ ] Eu er
- [ ] Ei er
- [ ] Ei mer

- [ ] Fei er
- [ ] Feu er
- [ ] Fau er

Hier umknicken oder abtrennen

## Alles richtig gemacht? 2

- [ ] Fu sche
- [ ] Fro sche
- [x] Frö sche
- [ ] Frä sche

- [ ] Flog zeig
- [x] Flug zeug
- [ ] Flag zug

- [x] Fin ger
- [ ] Fan ger
- [ ] Fen ger

- [ ] Flu gel
- [ ] Fla gel
- [ ] Fü gel
- [x] Flü gel

- [ ] Eu er
- [x] Ei er
- [ ] Ei mer

- [ ] Fei er
- [x] Feu er
- [ ] Fau er


© Persen Verlag

Kreuze an, was richtig ist. 3

- ☐ Ker che
- ☐ Kar che
- ☐ Kir che
- ☐ Kir sche

- ☐ Hums ter
- ☐ Homs ter
- ☐ Hams ter

- ☐ Gor ten
- ☐ Gar ten
- ☐ Gau ten

18

- ☐ Acht zahn
- ☐ Ascht zehn
- ☐ Acht zehn
- ☐ Echt zehn

- ☐ Ker fe
- ☐ Kar se
- ☐ Ker ze

- ☐ Frein de
- ☐ Fein de
- ☐ Freun de

Hier umknicken oder abtrennen

Alles richtig gemacht? 3

- ☐ Ker che
- ☐ Kar che
- ☒ Kir che
- ☐ Kir sche

- ☐ Hums ter
- ☐ Homs ter
- ☒ Hams ter

- ☐ Gor ten
- ☒ Gar ten
- ☐ Gau ten

18

- ☐ Acht zahn
- ☐ Ascht zehn
- ☒ Acht zehn
- ☐ Echt zehn

- ☐ Ker fe
- ☐ Kar se
- ☒ Ker ze

- ☐ Frein de
- ☐ Fein de
- ☒ Freun de


© Persen Verlag

## Kreuze an, was richtig ist.

4

- ☐ Wor fel
- ☐ Wür tel
- ☐ Wür fel
- ☐ Wär fel

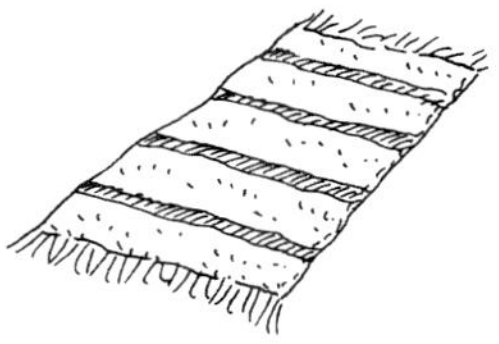

- ☐ Tap pich
- ☐ Tep pisch
- ☐ Tep pich

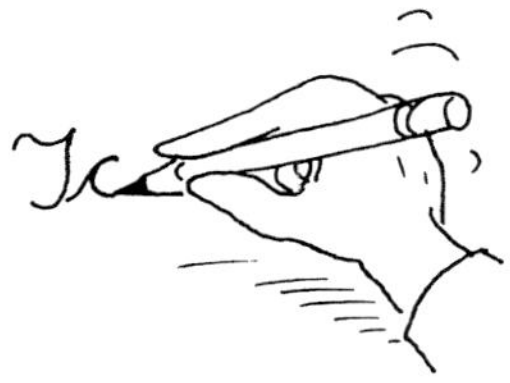

- ☐ scheu ben
- ☐ schrau ben
- ☐ schrei ben

- ☐ Tru ben
- ☐ Tra ben
- ☐ Treu ben
- ☐ Trau ben

- ☐ Zwun zig
- ☐ Zwan zig
- ☐ Zwon zig

- ☐ Schnei mann
- ☐ Schnee mann
- ☐ Schee mann

Hier umknicken oder abtrennen

## Alles richtig gemacht?

4

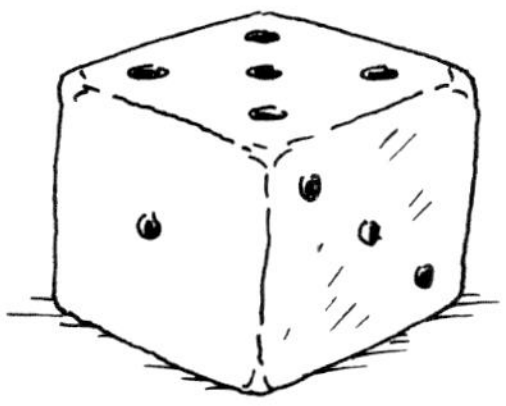

- ☐ Wor fel
- ☐ Wür tel
- ☒ Wür fel
- ☐ Wär fel

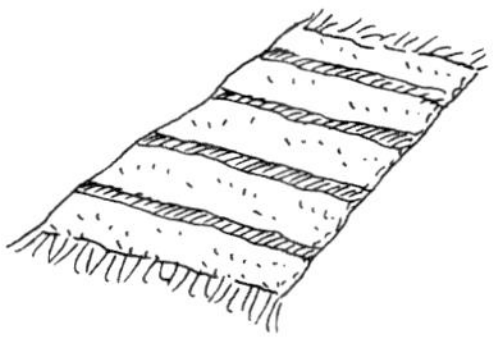

- ☐ Tap pich
- ☐ Tep pisch
- ☒ Tep pich

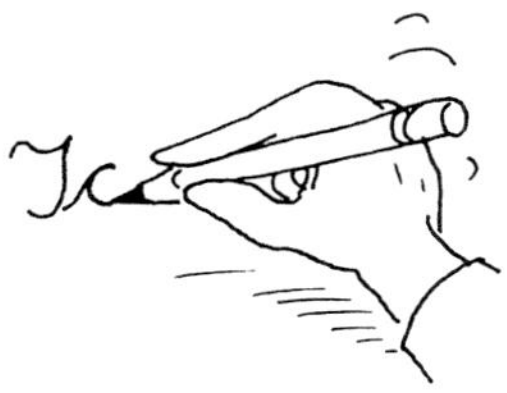

- ☐ scheu ben
- ☐ schrau ben
- ☒ schrei ben

- ☐ Tru ben
- ☐ Tra ben
- ☐ Treu ben
- ☒ Trau ben

- ☐ Zwun zig
- ☒ Zwan zig
- ☐ Zwon zig

- ☐ Schnei mann
- ☒ Schnee mann
- ☐ Schee mann


© Persen Verlag

## Kreuze an, was richtig ist. 5

| | |
|---|---|
| ☐ Spie gel<br>☐ Speu gel<br>☐ Spar gel<br>☐ Spei gel | ☐ Stam pel<br>☐ Stum pel<br>☐ Stem pel |
| ☐ Sprat ze<br>☐ Sprut ze<br>☐ Sprit ze | ☐ Schlung ge<br>☐ Schlau ge<br>☐ Schle ge<br>☐ Schlan ge |
| ☐ Stie fel<br>☐ Sta fel<br>☐ Sto fel | ☐ Span ne<br>☐ Spin ne<br>☐ Spon ne |

Hier umknicken oder abtrennen

## Alles richtig gemacht? 5

| | |
|---|---|
| ☒ Spie gel<br>☐ Speu gel<br>☐ Spar gel<br>☐ Spei gel | ☐ Stam pel<br>☐ Stum pel<br>☒ Stem pel |
| ☐ Sprat ze<br>☐ Sprut ze<br>☒ Sprit ze | ☐ Schlung ge<br>☐ Schlau ge<br>☐ Schle ge<br>☒ Schlan ge |
| ☒ Stie fel<br>☐ Sta fel<br>☐ Sto fel | ☐ Span ne<br>☒ Spin ne<br>☐ Spon ne |




© Persen Verlag

**Kreuze an, was richtig ist.** 6

- [ ] Nein zehn
- [ ] Neun zahn
- [ ] Nenn zehn
- [ ] Neun zehn

- [ ] Drei zahn
- [ ] Dreu zehn
- [ ] Drei zehn

- [ ] Tur te
- [ ] Tor te
- [ ] Tar te

- [ ] resch nen
- [ ] rich nen
- [ ] rech nen
- [ ] reich nen

- [ ] Müt ze
- [ ] Mot ze
- [ ] Möt ze

- [ ] Mans ter
- [ ] Muns ter
- [ ] Mons ter

Hier umknicken oder abtrennen

**Alles richtig gemacht?** 6

- [ ] Nein zehn
- [ ] Neun zahn
- [ ] Nenn zehn
- [x] Neun zehn

- [ ] Drei zahn
- [ ] Dreu zehn
- [x] Drei zehn

- [ ] Tur te
- [x] Tor te
- [ ] Tar te

- [ ] resch nen
- [ ] rich nen
- [x] rech nen
- [ ] reich nen

- [x] Müt ze
- [ ] Mot ze
- [ ] Möt ze

- [ ] Mans ter
- [ ] Muns ter
- [x] Mons ter


© Persen Verlag

## Kreuze an, was richtig ist.

7

- ☐ Am pel
- ☐ Ap tel
- ☐ Ap fef
- ☐ Ap fel

- ☐ Ban bon
- ☐ Bun bun
- ☐ Bon bon

- ☐ Ser ben
- ☐ Sei ben
- ☐ Sie ben

- ☐ Erd sen
- ☐ Erb sun
- ☐ Enb sen
- ☐ Erb sen

- ☐ Kra kus
- ☐ Kro kas
- ☐ Kro kus

- ☐ Bag ger
- ☐ Bog ger
- ☐ Bag gir

Hier umknicken oder abtrennen

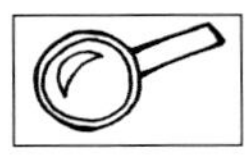

## Alles richtig gemacht?

7

- ☐ Am pel
- ☐ Ap tel
- ☐ Ap fef
- ☒ Ap fel

- ☐ Ban bon
- ☐ Bun bun
- ☒ Bon bon

- ☐ Ser ben
- ☐ Sei ben
- ☒ Sie ben

- ☐ Erd sen
- ☐ Erb sun
- ☐ Enb sen
- ☒ Erb sen

- ☐ Kra kus
- ☐ Kro kas
- ☒ Kro kus

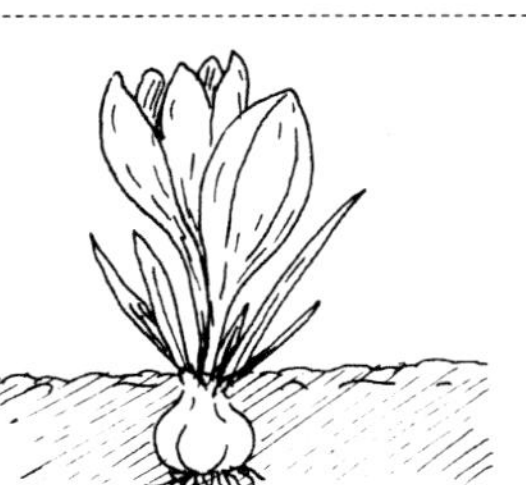

- ☒ Bag ger
- ☐ Bog ger
- ☐ Bag gir



Katrin Wemmer: Das Lese-Trainingsprogramm: Wortebene
© Persen Verlag

## Kreuze an, was richtig ist.

☆☆☆☆ 8

- ☐ Vol kun
- ☐ Vul kan
- ☐ Vul kein
- ☐ Vul kon

- ☐ Ge speinst
- ☐ Ge stenst
- ☐ Ge spenst

- ☐ Veir zehn
- ☐ Vier zehn
- ☐ Vier zahn

- ☐ Stram mast
- ☐ Strom must
- ☐ Strom mast
- ☐ Strum most

- ☐ Fau brik
- ☐ Fu brik
- ☐ Fa brik

- ☐ Van pir
- ☐ Vum pur
- ☐ Vam pir

✄ Hier umknicken oder abtrennen

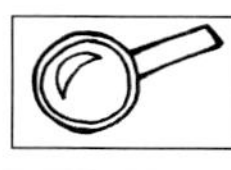

## Alles richtig gemacht?

☆☆☆☆ 8

- ☐ Vol kun
- ☒ Vul kan
- ☐ Vul kein
- ☐ Vul kon

- ☐ Ge speinst
- ☐ Ge stenst
- ☒ Ge spenst

- ☐ Veir zehn
- ☒ Vier zehn
- ☐ Vier zahn

- ☐ Stram mast
- ☐ Strom must
- ☒ Strom mast
- ☐ Strum most

- ☐ Fau brik
- ☐ Fu brik
- ☒ Fa brik

- ☐ Van pir
- ☐ Vum pur
- ☒ Vam pir


© Persen Verlag

## Kreuze an, was richtig ist. 1

- [ ] Do mo ni
- [ ] Do mi no
- [ ] Di mo ni
- [ ] Di mi ni

- [ ] E le fent
- [ ] E le tant
- [ ] E le fant

- [ ] A no nos
- [ ] A na nas
- [ ] A nau nas

- [ ] Bo no ne
- [ ] Ba no ne
- [ ] Ba na ne
- [ ] Bo na ne

- [ ] Gi rof fe
- [ ] Ge raf fe
- [ ] Gi raf fe

- [ ] A meu se
- [ ] A mau se
- [ ] A mei se

✂ Hier umknicken oder abtrennen

## Alles richtig gemacht? 1

- [ ] Do mo ni
- [x] Do mi no
- [ ] Di mo ni
- [ ] Di mi ni

- [ ] E le fent
- [ ] E le tant
- [x] E le fant

- [ ] A no nos
- [x] A na nas
- [ ] A nau nas

- [ ] Bo no ne
- [ ] Ba no ne
- [x] Ba na ne
- [ ] Bo na ne

- [ ] Gi rof fe
- [ ] Ge raf fe
- [x] Gi raf fe

- [ ] A meu se
- [ ] A mau se
- [x] A mei se



Katrin Wemmer: Das Lese-Trainingsprogramm: Wortebene
© Persen Verlag

## Kreuze an, was richtig ist. 2

- [ ] Le nu al
- [ ] Li ne al
- [ ] Lu ne al
- [ ] Lo ni al

- [ ] Kru ko dol
- [ ] Kro ku del
- [ ] Kro ko dil

- [ ] Kus tu ni e
- [ ] Kas to ni e
- [ ] Kas ta ni e

- [ ] La tir ne
- [ ] La ter na
- [ ] La ter ne
- [ ] Lu tor ne

- [ ] In do a ner
- [ ] In di a ner
- [ ] In du a ner

- [ ] Gi tar ri
- [ ] Ge tar ra
- [ ] Gi tar re

Hier umknicken oder abtrennen

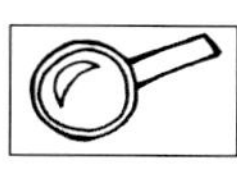

## Alles richtig gemacht? 2

- [ ] Le nu al
- [x] Li ne al
- [ ] Lu ne al
- [ ] Lo ni al

- [ ] Kru ko dol
- [ ] Kro ku del
- [x] Kro ko dil

- [ ] Kus tu ni e
- [ ] Kas to ni e
- [x] Kas ta ni e

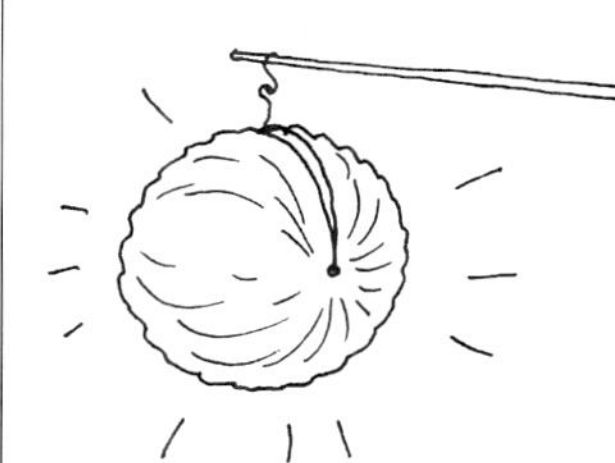

- [ ] La tir ne
- [ ] La ter na
- [x] La ter ne
- [ ] Lu tor ne

- [ ] In do a ner
- [x] In di a ner
- [ ] In du a ner

- [ ] Gi tar ri
- [ ] Ge tar ra
- [x] Gi tar re


© Persen Verlag

## Kreuze an, was richtig ist. 3

- [ ] Re ka te
- [ ] Ro ke te
- [ ] Ru ke te
- [ ] Ra ke te

- [ ] Pa po geu
- [ ] Pa pa geu
- [ ] Pa pa gei

- [ ] Pan taf fal
- [ ] Pon taf fel
- [ ] Pan tof fel

- [ ] Ma tor rod
- [ ] Mo tar rad
- [ ] Mo tor rad
- [ ] Ma tor rud

- [ ] Re gen scharm
- [ ] Ra gen schirm
- [ ] Re gen schirm

- [ ] Ru di o
- [ ] Ra do o
- [ ] Ra di o

Hier umknicken oder abtrennen

## Alles richtig gemacht? 3

- [ ] Re ka te
- [ ] Ro ke te
- [ ] Ru ke te
- [x] Ra ke te

- [ ] Pa po geu
- [ ] Pa pa geu
- [x] Pa pa gei

- [ ] Pan taf fal
- [ ] Pon taf fel
- [x] Pan tof fel

- [ ] Ma tor rod
- [ ] Mo tar rad
- [x] Mo tor rad
- [ ] Ma tor rud

- [ ] Re gen scharm
- [ ] Ra gen schirm
- [x] Re gen schirm

- [ ] Ru di o
- [ ] Ra do o
- [x] Ra di o


© Persen Verlag

## Kreuze an, was richtig ist. 4

- [ ] Te lo fon
- [ ] Ta le fon
- [ ] Te la fon
- [ ] Te le fon

- [ ] Scha ko la de
- [ ] Scho ko la de
- [ ] Schu ku la de

- [ ] Pan gu in
- [ ] Pen gu an
- [ ] Pin gu in

- [ ] Pap ri ko
- [ ] Pap ri ku
- [ ] Pap ro ka
- [ ] Pap ri ka

- [ ] San do le
- [ ] Sun du le
- [ ] San da le

- [ ] Re gen warm
- [ ] Re gen wurm
- [ ] Ra gen wurm

Hier umknicken oder abtrennen

## Alles richtig gemacht? 4

- [ ] Te lo fon
- [ ] Ta le fon
- [ ] Te la fon
- [x] Te le fon

- [ ] Scha ko la de
- [x] Scho ko la de
- [ ] Schu ku la de

- [ ] Pan gu in
- [ ] Pen gu an
- [x] Pin gu in

- [ ] Pap ri ko
- [ ] Pap ri ku
- [ ] Pap ro ka
- [x] Pap ri ka

- [ ] San do le
- [ ] Sun du le
- [x] San da le

- [ ] Re gen warm
- [x] Re gen wurm
- [ ] Ra gen wurm


© Persen Verlag

**Kreuze an, was richtig ist.** 5

- [ ] Tram pe te
- [ ] Trum po te
- [ ] Trom pe te
- [ ] Traum pe te

- [ ] Kor taf fel
- [ ] Kar tof fef
- [ ] Kar tof fel

- [ ] Fle der mus
- [ ] Fle der maus
- [ ] Fla der mus

- [ ] Eich härn chen
- [ ] Ech hörn chen
- [ ] Eich hörn chen
- [ ] Eich harn chen

- [ ] Tu ma te
- [ ] To mu te
- [ ] To ma te

- [ ] Ga ril la
- [ ] Go ril lo
- [ ] Go ril la

✂Hier umknicken oder abtrennen

**Alles richtig gemacht?** 5

- [ ] Tram pe te
- [ ] Trum po te
- [x] Trom pe te
- [ ] Traum pe te

- [ ] Kor taf fel
- [ ] Kar tof fef
- [x] Kar tof fel

- [ ] Fle der mus
- [x] Fle der maus
- [ ] Fla der mus

- [ ] Eich härn chen
- [ ] Ech hörn chen
- [x] Eich hörn chen
- [ ] Eich harn chen

- [ ] Tu ma te
- [ ] To mu te
- [x] To ma te

- [ ] Ga ril la
- [ ] Go ril lo
- [x] Go ril la




© Persen Verlag

## Kreuze an, was richtig ist. 6

- ☐ Erb dee re
- ☐ Erd beu re
- ☐ Erd bee re
- ☐ End bee te

- ☐ Dra me dur
- ☐ Drei me der
- ☐ Dro me dar

- ☐ Breif kus ten
- ☐ Brief kas ten
- ☐ Brief kos ten

- ☐ Schald krö te
- ☐ Schild kru te
- ☐ Schild krä te
- ☐ Schild krö te

- ☐ Geis kan ne
- ☐ Gieß kan ne
- ☐ Geus kon ne

- ☐ Kän ga ra
- ☐ Kän gu ru
- ☐ Kin ge re

Hier umknicken oder abtrennen

## Alles richtig gemacht? 6

- ☐ Erb dee re
- ☐ Erd beu re
- ☒ Erd bee re
- ☐ End bee te

- ☐ Dra me dur
- ☐ Drei me der
- ☒ Dro me dar

- ☐ Breif kus ten
- ☒ Brief kas ten
- ☐ Brief kos ten

- ☐ Schald krö te
- ☐ Schild kru te
- ☐ Schild krä te
- ☒ Schild krö te

- ☐ Geis kan ne
- ☒ Gieß kan ne
- ☐ Geus kon ne

- ☐ Kän ga ra
- ☒ Kän gu ru
- ☐ Kin ge re


© Persen Verlag

## Kreuze an, was richtig ist. 7

☐ Un fer hemb
☐ Un ter hend
☐ Um ter humd
☐ Un ter hemd

☐ Zahn bors te
☐ Zöhn bürs te
☐ Zahn bürs te

☐ Sund kos ten
☐ Sand kas ten
☐ Sond kis ten

☐ Schutz in sul
☐ Schotz in sal
☐ Schatz in sel
☐ Schätz in sil

☐ Tral ler pfeu fe
☐ Tril ler pfei le
☐ Tril ler pfei fe

☐ Tee bau tel
☐ Too beu tel
☐ Tee beu tel

✂ Hier umknicken oder abtrennen

## Alles richtig gemacht? 7

☐ Un fer hemb
☐ Un ter hend
☐ Um ter humd
☒ Un ter hemd

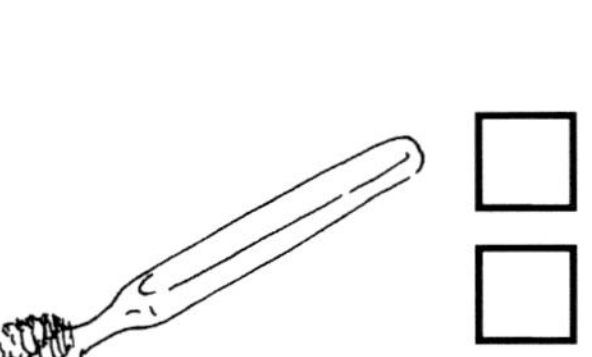

☐ Zahn bors te
☐ Zöhn bürs te
☒ Zahn bürs te

☐ Sund kos ten
☒ Sand kas ten
☐ Sond kis ten

☐ Schutz in sul
☐ Schotz in sal
☒ Schatz in sel
☐ Schätz in sil

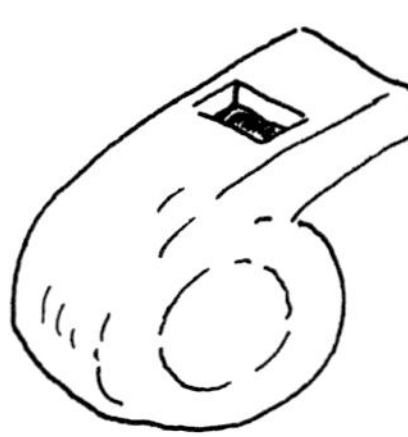

☐ Tral ler pfeu fe
☐ Tril ler pfei le
☒ Tril ler pfei fe

☐ Tee bau tel
☐ Too beu tel
☒ Tee beu tel


© Persen Verlag

## Kreuze an, was richtig ist. 8

- [ ] Zohn pus ta
- [ ] Zähn pis ta
- [ ] Zahn pas ta
- [ ] Zuhn pes to

- [ ] Weun trei ben
- [ ] Wein treu ben
- [ ] Wein trau ben

- [ ] Schatz kis te
- [ ] Schutz kas te
- [ ] Schotz küs te

- [ ] Spin nen netz
- [ ] Span nin nutz
- [ ] Stin nen neff
- [ ] Sin nen metz

- [ ] Lu ger fei er
- [ ] La ger feu er
- [ ] Lo der feu er

- [ ] Un fer ha se
- [ ] Un ter ho se
- [ ] Un tir hu se

Hier umknicken oder abtrennen

## Alles richtig gemacht? 8

- [ ] Zohn pus ta
- [ ] Zähn pis ta
- [x] Zahn pas ta
- [ ] Zuhn pes to

- [ ] Weun trei ben
- [ ] Wein treu ben
- [x] Wein trau ben

- [x] Schatz kis te
- [ ] Schutz kas te
- [ ] Schotz küs te

- [x] Spin nen netz
- [ ] Span nin nutz
- [ ] Stin nen neff
- [ ] Sin nen metz

- [ ] Lu ger fei er
- [x] La ger feu er
- [ ] Lo der feu er

- [ ] Un fer ha se
- [x] Un ter ho se
- [ ] Un tir hu se


© Persen Verlag

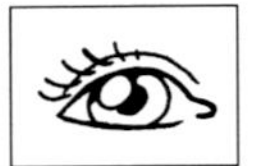

**Lies genau.**

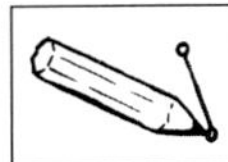

**Verbinde die Silbe mit dem passenden Bild.**

Ki

Bro

Wa

Kä

Tee

Na

Lö

Bi

Po

Scho

Pi



Katrin Wemmer: Das Lese-Trainingsprogramm: Wortebene
© Persen Verlag

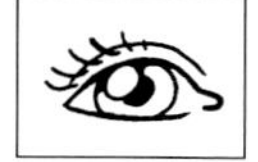

**Lies genau.**

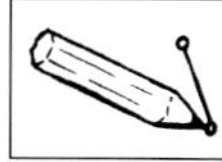

**Verbinde die Silbe mit dem passenden Bild.**

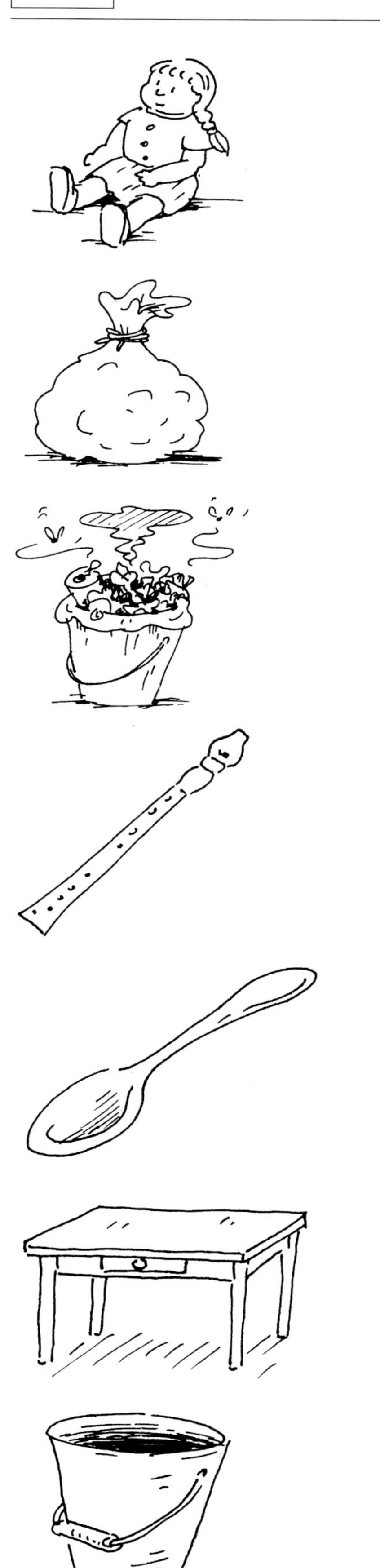

| Fö |
|---|
| Eu |
| Fe |
| Pu |
| Ei |
| Schau |
| Ti |
| Schu |
| Ko |
| Flö |
| Mü |

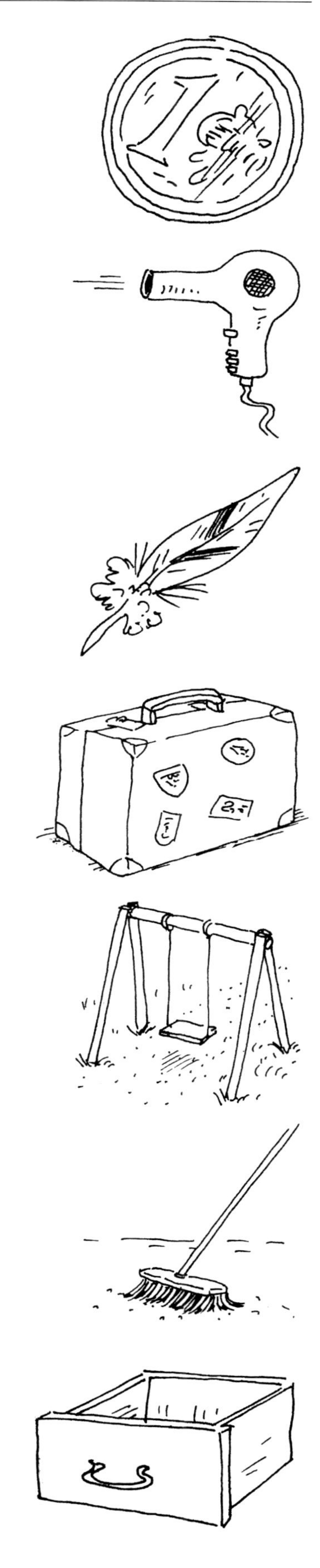

Katrin Wemmer: Das Lese-Trainingsprogramm: Wortebene
© Persen Verlag

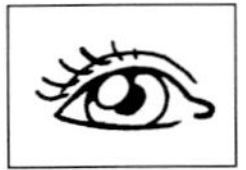

**Lies genau.**

**Verbinde das Wort mit dem passenden Bild.**

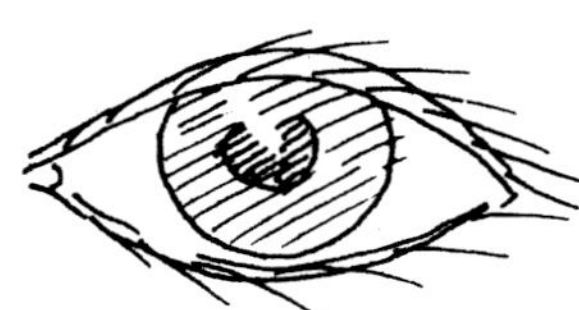

Buch

Di no

Hut

Eis

Bus

Fisch

Ball

En te

Au ge

Baum

Au to

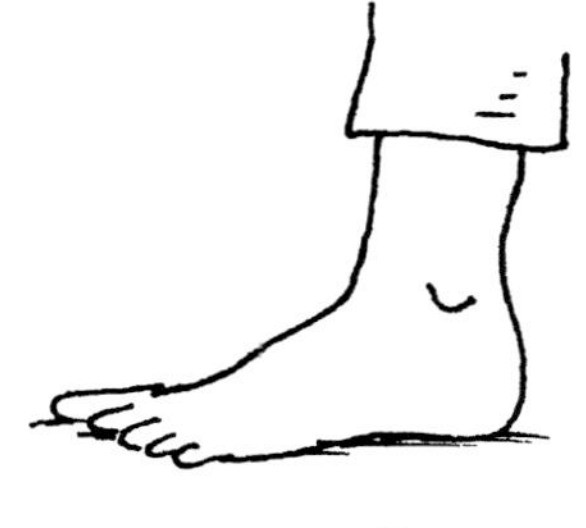

© Persen Verlag

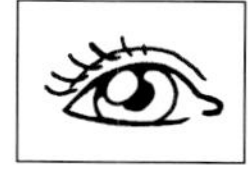 **Lies genau.**

 **Verbinde das Wort mit dem passenden Bild.**

Ro se

Maus

Schal

Rad

Wal

Haus

Ha se

Klo

Na se

Ho se

La ma

© Persen Verlag

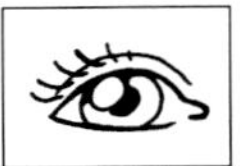

**Lies genau.**

**Verbinde das Wort mit dem passenden Bild.**

Kat ze

Holz

Kan ne

Geist

Ga bel

Geld

Kas se

Kis te

Hand

In sel

Kä fig

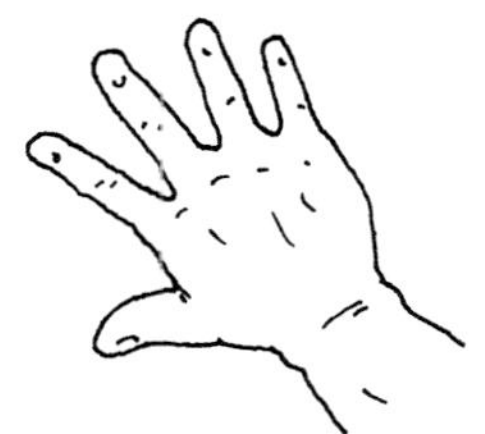

© Persen Verlag

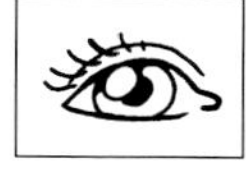

**Lies genau.**

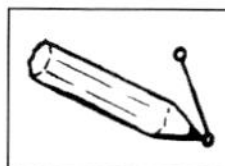

**Verbinde das Wort mit dem passenden Bild.**

Lei ter

Sand

Löf fel

Kran

Korb

Mund

Lam pe

Ku chen

Mond

Pin sel

Pu del

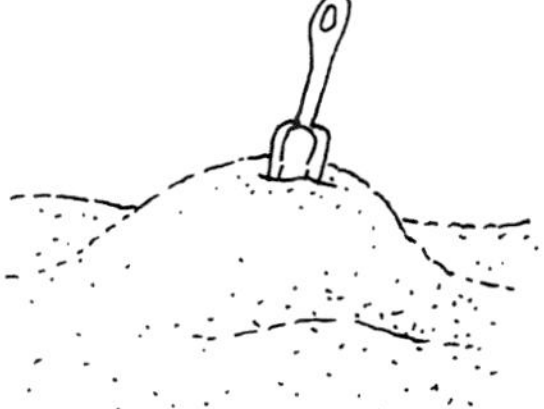


© Persen Verlag

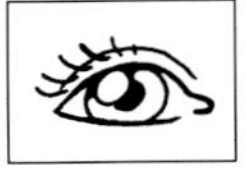

**Lies genau.**

**Verbinde das Wort mit dem passenden Bild.**

| Fla sche |
| --- |
| Bril le |
| Blät ter |
| Kof fer |
| An gel |
| Ker ze |
| Bürs te |
| Ei chel |
| Kir schen |
| Bre zel |
| En gel |

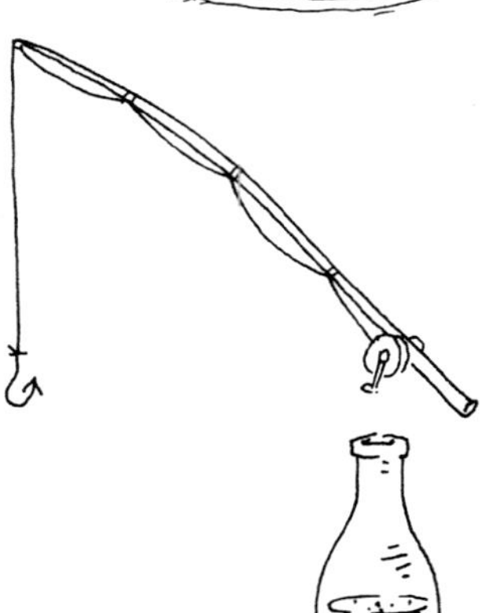

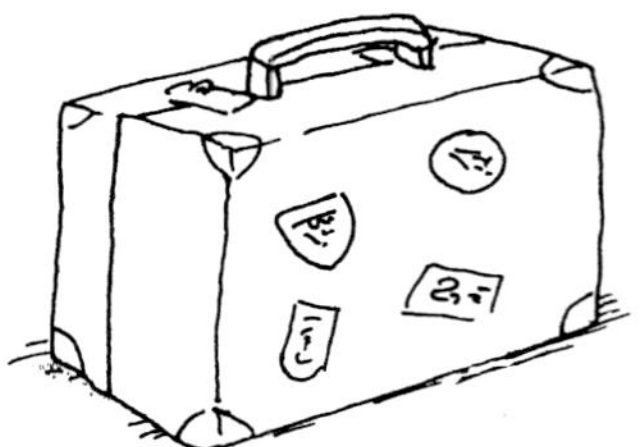



Katrin Wemmer: Das Lese-Trainingsprogramm: Wortebene
© Persen Verlag

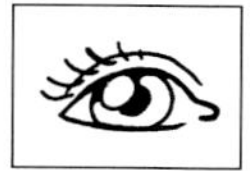

**Lies genau.**

**Verbinde das Wort mit dem passenden Bild.**

Ge spenst

Fa brik

Blei stift

Vul kan

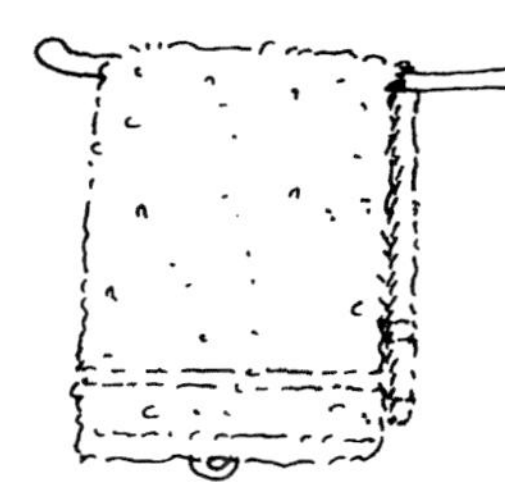

Sie ben

Strom mast

Vam pir

Nas horn

Mons ter

Müt ze

Erb sen

© Persen Verlag

**Lies genau.**

**Verbinde das Wort mit dem passenden Bild.**

Gi raf fe

Li ne al

Ra ke te

A na nas

La ter ne

Ba na ne

Pa pa gei

E le fant

Gi tar re

A mei se

Re gen schirm

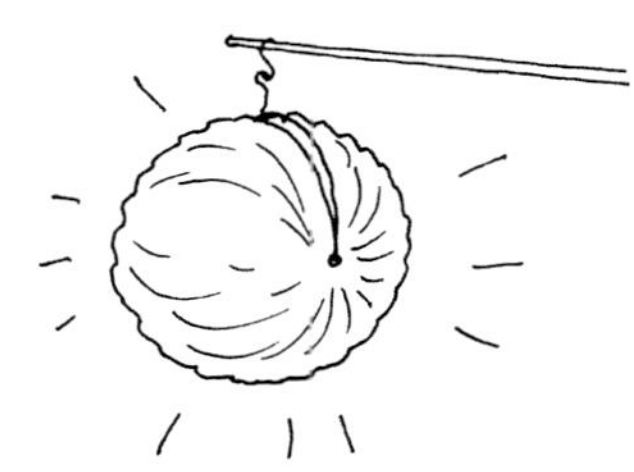

© Persen Verlag

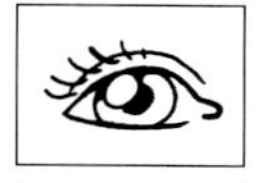

**Lies genau.**

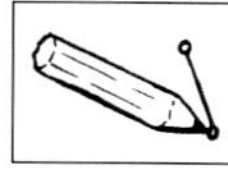

**Verbinde das Wort mit dem passenden Bild.**

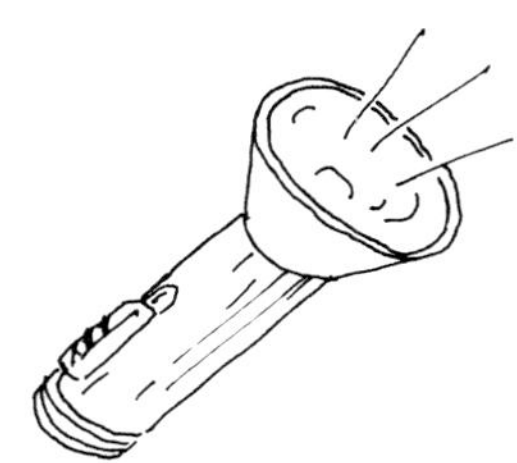

An ten ne

Farb kas ten

Bü gel ei sen

Arm band uhr

But ter keks

Schul ta sche

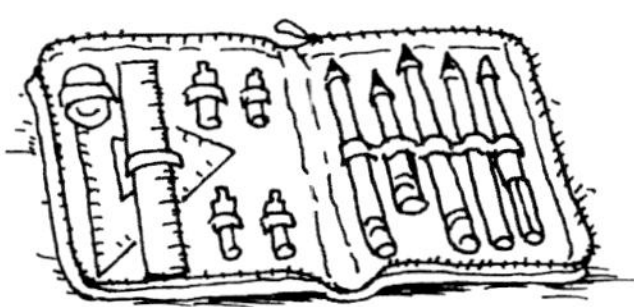

Kle be stift

Ar beits blatt

Fe der map pe

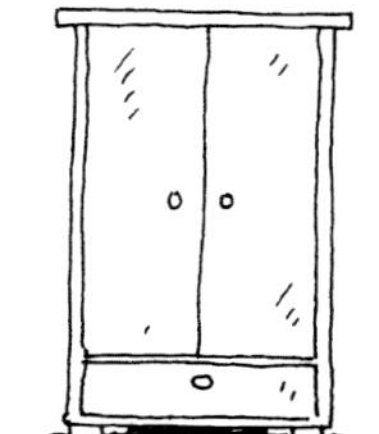

Schmet ter ling

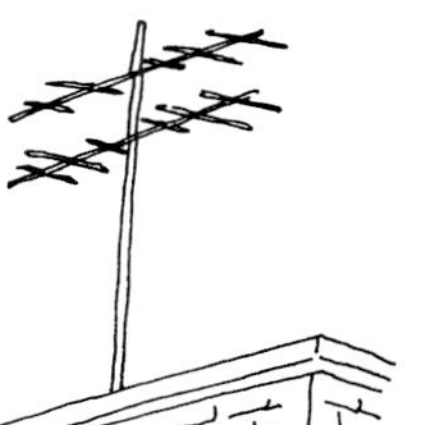

Ba de wan ne


© Persen Verlag

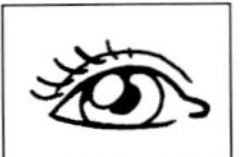

**Lies genau.**

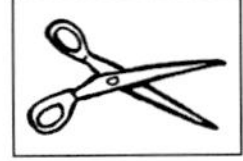

**Schneide die Silben aus.**

**Klebe sie zum Bild.**

| Lö | Hau | Ru | Hu |
|---|---|---|---|
| Flu | Rei | Ar | Ri |
| Pi | Tu | Pla | Mü |





© Persen Verlag

**Lies genau.**

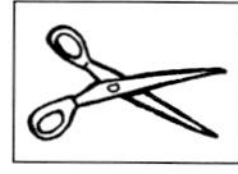

**Schneide die Silben aus.**

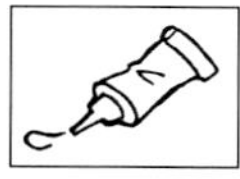

**Klebe sie zum Bild.**

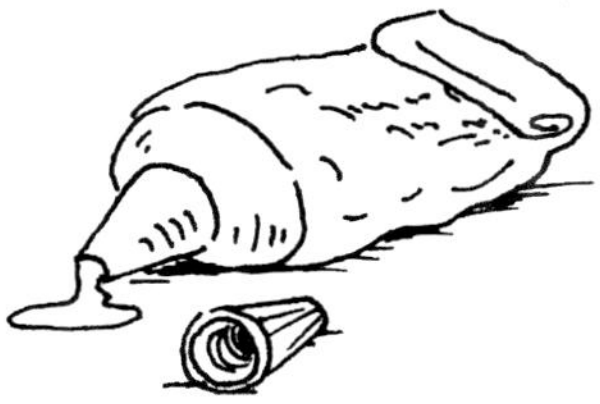

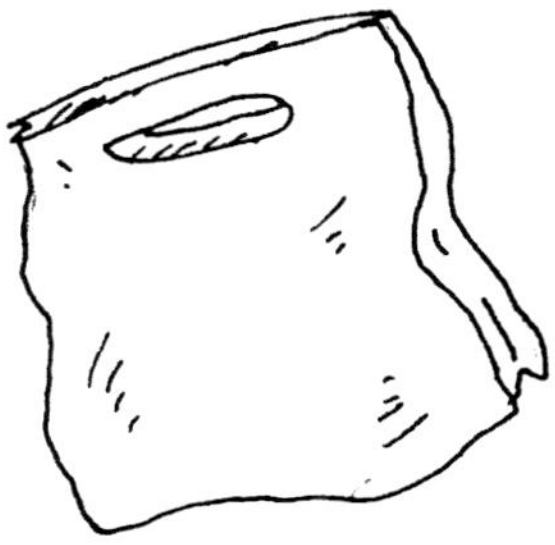

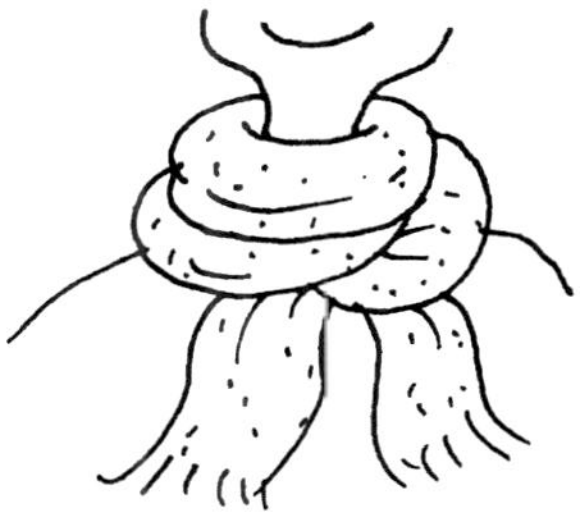

| Tü te | Klo | Ig lu | Mann |
|---|---|---|---|
| Maus | Tür | Ka nu | Schal |
| Schaf | Hut | Na se | Tu be |


© Persen Verlag

**Lies genau.**

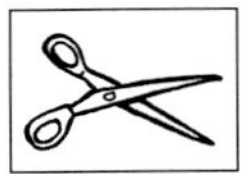

**Schneide die Silben aus.**

**Klebe sie zum Bild.**

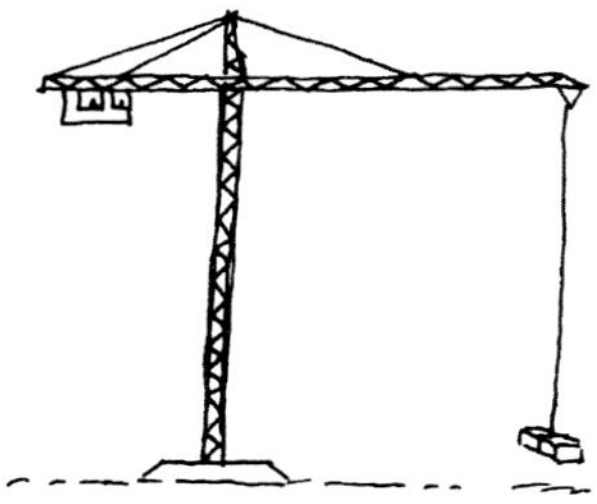

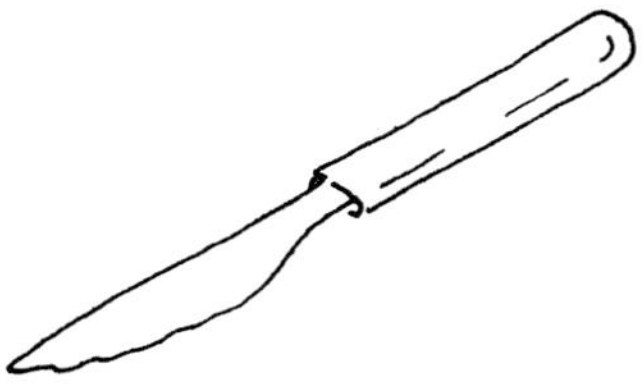

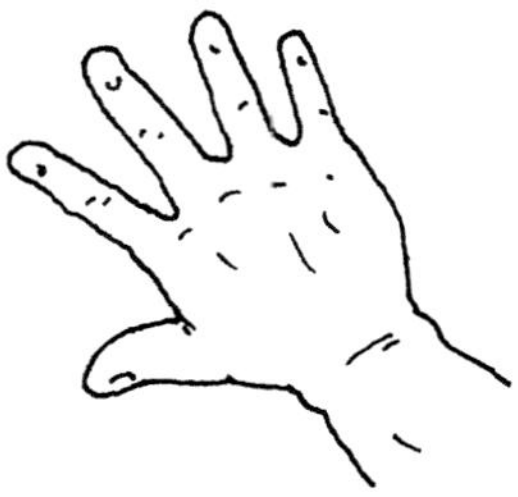

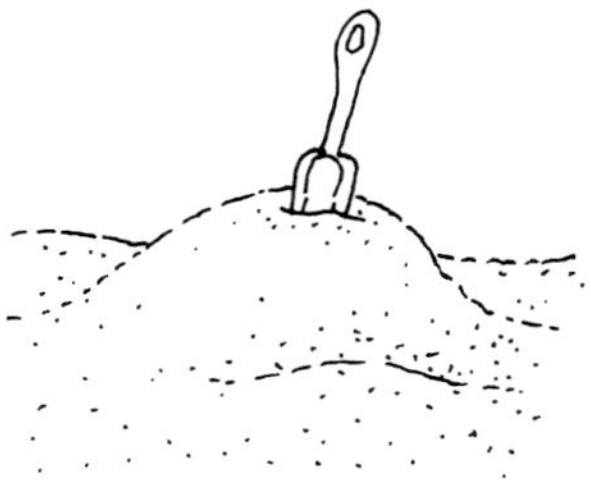

| Sand | Hand | Mes ser | Tor te |
|---|---|---|---|
| I gel | Kro ne | Kis te | Kran |
| Pa ket | Knopf | Löf fel | Kis sen |



Katrin Wemmer: Das Lese-Trainingsprogramm: Wortebene
© Persen Verlag

 **Lies genau.**

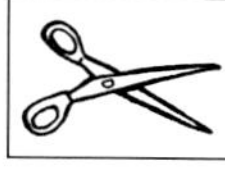 **Schneide die Silben aus.**

 **Klebe sie zum Bild.**

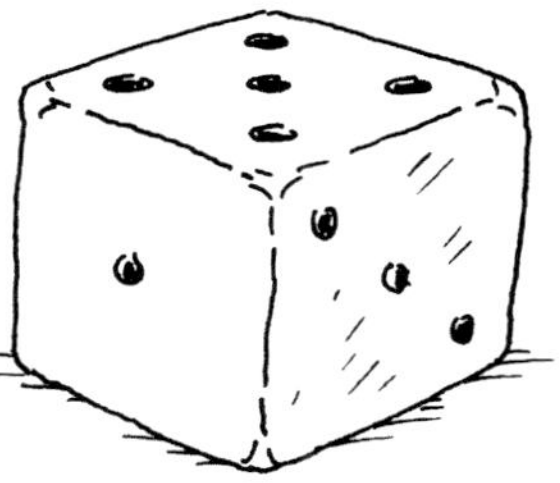

| En gel | Bre zel | Wür fel | Drei zehn |
|---|---|---|---|
| Mons ter | Stie fel | Vul kan | Ze bra |
| Erb sen | Zir kus | Spin ne | Wöl fe |


© Persen Verlag

**Lies genau.**

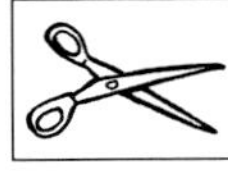

**Schneide die Silben aus.**

**Klebe sie zum Bild.**

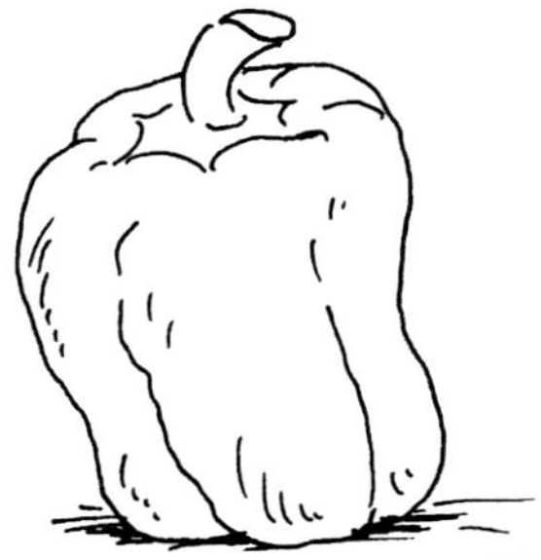

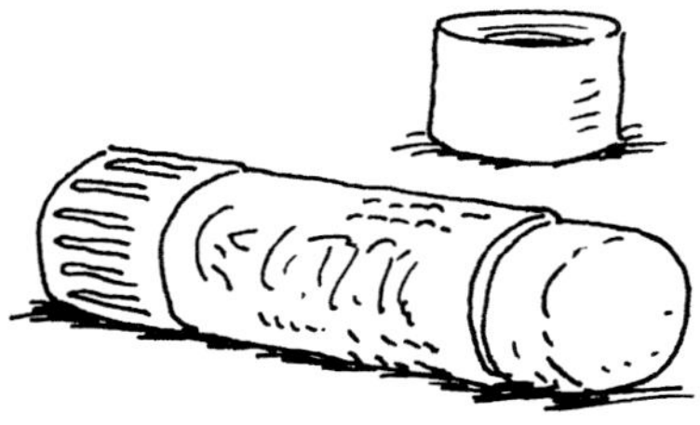

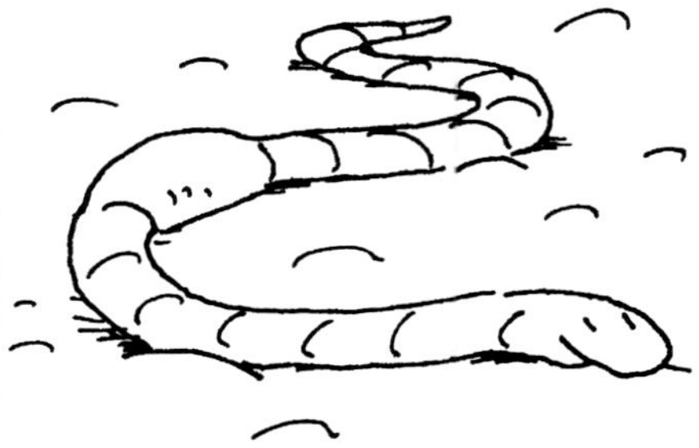

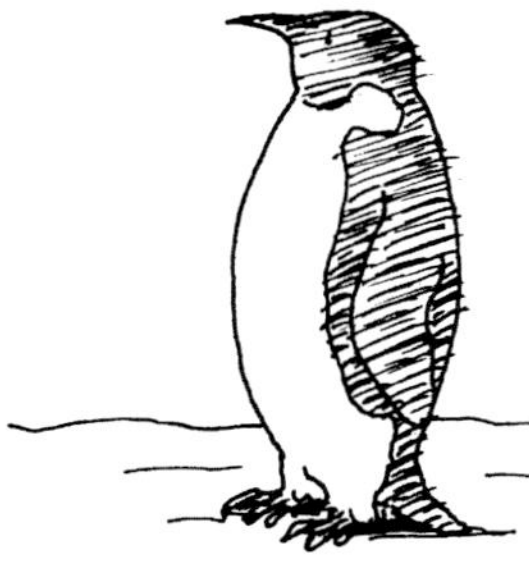

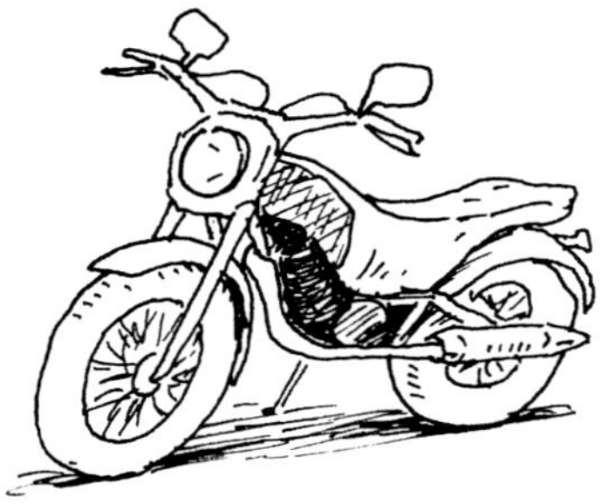

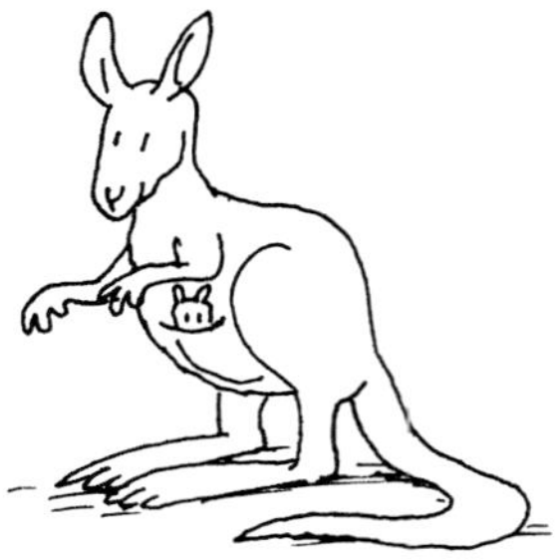

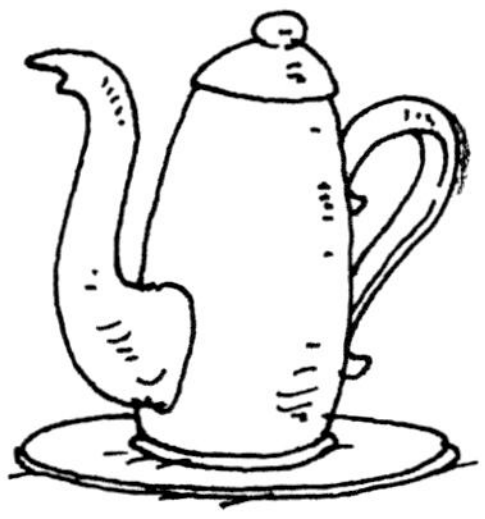

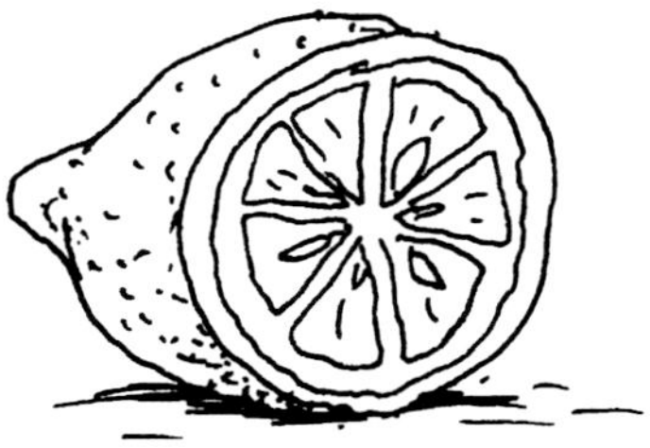

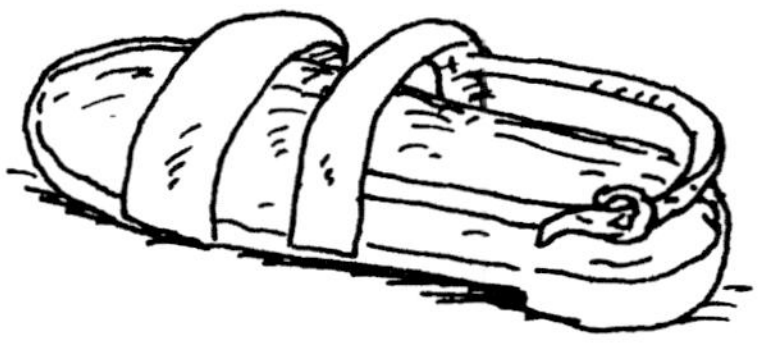

| Pin gu in | Pap ri ka | San da le |
|---|---|---|
| Re gen wurm | Kle be stift | Zi tro ne |
| Kän gu ru | Mo tor rad | Tee kan ne |





© Persen Verlag

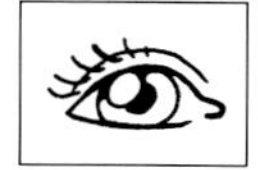

**Lies genau.**

**Finde die 3 falschen Wörter und kreise sie ein.**

| | | | | | |
|---|---|---|---|---|---|
|  | Maus | Maus | Meus | Maus | Maus |
| | Maus | Maus | Maas | Maus | Maus |
| | Mous | Maus | Maus | Maus | Maus |

| | | | | | |
|---|---|---|---|---|---|
|  | Ticch | Tisch | Tisch | Tisch | Tisch |
| | Tisch | Tisch | Tiech | Tisch | Tisch |
| | Tisch | Tesch | Tisch | Tisch | Tisch |

| | | | | | | |
|---|---|---|---|---|---|---|
|  | Wal | Wal | Wal | Wal | Wol | Wal |
| | Wal | Wul | Wal | Wal | Wal | Wal |
| | Wal | Wal | Wal | Wäl | Wal | Wal |

| | | | | | | | |
|---|---|---|---|---|---|---|---|
|  | Tor | Tor | Ton | Tor | Tor | Tor | Tor |
| | Tür | Tor | Tor | Tor | Tor | Tor | Tor |
| | Tor | Tor | Tor | Tor | Tor | Tor | Tar |

| | | | | | |
|---|---|---|---|---|---|
| 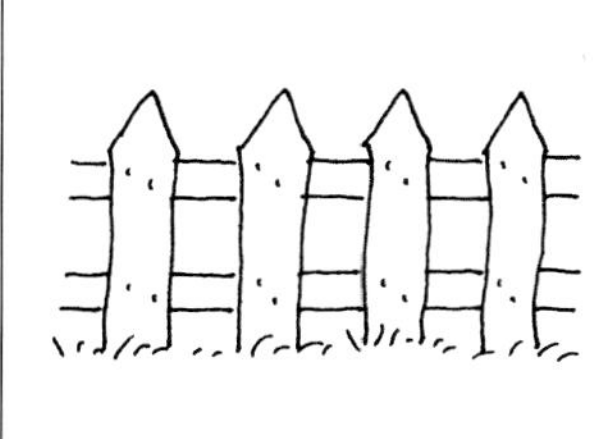 | Zaun | Zaun | Zaun | Zaun | Zeun |
| | Zaum | Zaun | Zaun | Zaun | Zaun |
| | Zaun | Zaun | Zahn | Zaun | Zaun |


© Persen Verlag

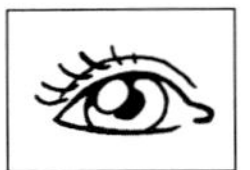 **Lies genau.**

 **Finde die 3 falschen Wörter und kreise sie ein.**

| | | | | |
|---|---|---|---|---|
| | Blü te | Blü te | Blü te | Blü te |
| | Blü te | Blö te | Blü te | Blu te |
| | Blü te | Blie te | Blü te | Blü te |

| | | | | |
|---|---|---|---|---|
| | Ga bel | Go bel | Ga bel | Ga bel |
| | Ga bel | Ga bil | Ga bel | Ga gel |
| | Ga bel | Ga bel | Ga bel | Ga bel |

| | | | | | |
|---|---|---|---|---|---|
| | Hand | Hund | Hand | Hand | Hand |
| | Hand | Hand | Hond | Hand | Hand |
| | Hand | Haut | Hand | Hand | Hand |

| | | | | | |
|---|---|---|---|---|---|
| | In sel | In sol | In sel | In sel | In sel |
| | In sel | In sel | Ir sel | In sel | In sel |
| | In sel | In sel | In sel | In sil | In sel |

| | | | | | |
|---|---|---|---|---|---|
| | Mund | Mond | Mund | Mund | Mund |
| | Mund | Mund | Mond | Mund | Mund |
| | Mund | Mund | Mund | Mund | Mond |



Katrin Wemmer: Das Lese-Trainingsprogramm: Wortebene
© Persen Verlag

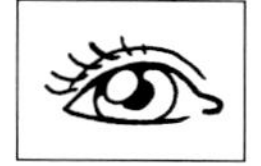

**Lies genau.**

**Finde die 3 falschen Wörter und kreise sie ein.**

| | | | | |
|---|---|---|---|---|
|  | Gar ten | Gur ken | Gar ten | Gar ten |
| | Gar ten | Gar ten | Ger ten | Gar ten |
| | Gar ten | Gar ten | Gar ten | Gur ken |

| | | | | |
|---|---|---|---|---|
|  | Müt ze | Mat ze | Müt ze | Müt ze |
| | Müt ze | Müt ze | Meit ze | Müt ze |
| | Müt ze | Müt ze | Müt ze | Mot ze |

| | | | | |
|---|---|---|---|---|
|  | Ord ner | Ord ser | Ord ner | Ord ner |
| | Ord ner | Ord ner | Oro ner | Ord ner |
| | Ora uer | Ord ner | Ord ner | Ord ner |

| | | | | |
|---|---|---|---|---|
|  | Sie ben | Sei ben | Sie ben | Sie ben |
| | Sie ben | Sie ben | Sie den | Sie ben |
| | Sie ben | Sie ben | Sel ben | Sie ben |

| | | | |
|---|---|---|---|
|  | Schna bel | Schau kel | Schna bel |
| | Schna bel | Schna bel | Schnu del |
| | Schna bel | Schna bel | Schna del |


© Persen Verlag

 **Lies genau.**

 **Wie geht das Wort weiter? Verbinde.**

Do — ne / se / seil

Ig — el / lu / len

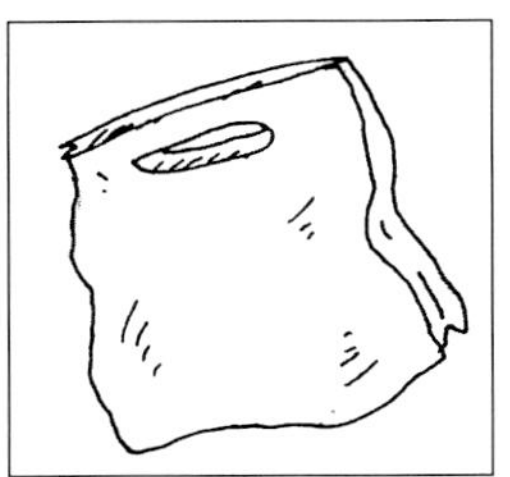

Tü — fer / cher / te

Eu — le / ro / gel

Kä — fer / sel / se

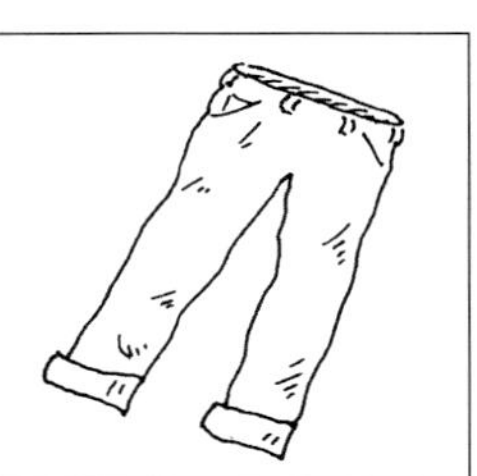

Ho — se / sel / bel

Ki — ka / wer / wi

Eu — ro / le / lo

Li — mer / ma / mo

Lu — pe / se / ra

Ti — te / pi / pen

Sei — le / de / fe



Katrin Wemmer: Das Lese-Trainingsprogramm: Wortebene
© Persen Verlag

**Lies genau.**

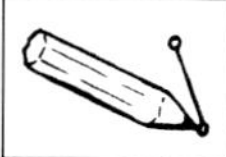

**Wie geht das Wort weiter? Verbinde.**

Pa — keit / ste / ket

Pin — sel / ser / se

Re — ger / gen / gut

Löf — fat / fit / fel

Rau — ben / pest / pe

Ta — pe / fel / ge

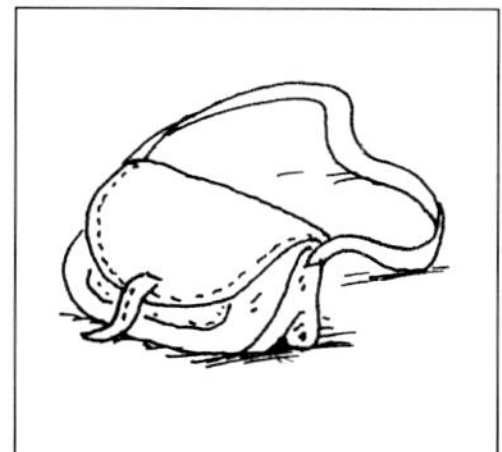

Ta — sche / che / ter

Ka — met / mei / mel

Tel — list / lust / ler

Wol — ke / le / kel

Teu — fen / fach / fel

Ti — gel / ger / gan


© Persen Verlag

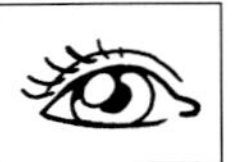 **Lies genau.**

 **Wie geht das Wort weiter? Verbinde.**

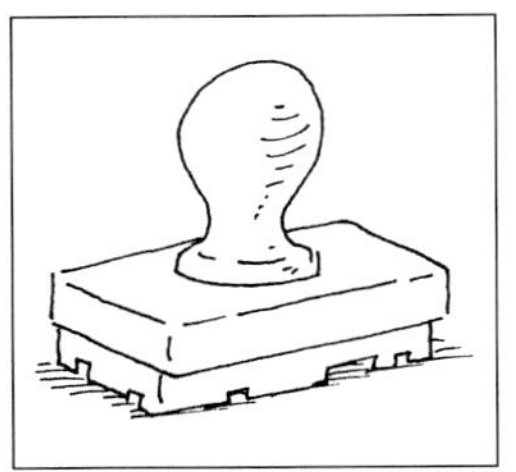

Stem

per
pen
pel

Spin

gel
ne
ter

Stie

fel
ger
ment

Bre

zeit
zig
zel

Blei

fest
stab
stift

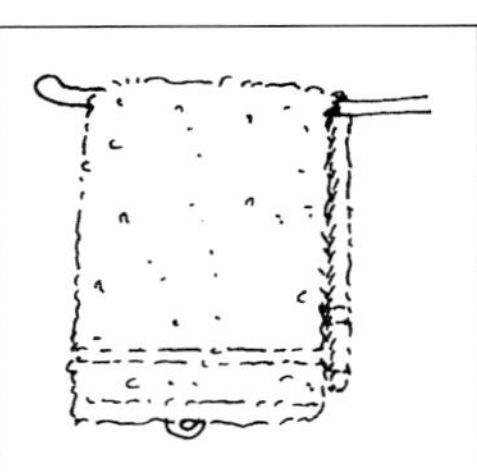

Hand

tuch
tau
ter

Nas

horn
hut
hand

rech

tig
nis
nen

Ap

fein
fuß
fel

Mons

ter
seil
se

Vam

pir
pakt
puste

Wöl

fuß
fe
fing



Katrin Wemmer: Das Lese-Trainingsprogramm: Wortebene
© Persen Verlag

**Lies genau.**

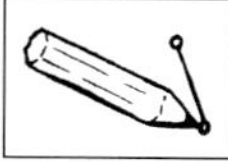

**Wie geht das Wort weiter? Verbinde.**

| | | | |
|---|---|---|---|
| Ta | schen | reich | nen |
| | sehr | rust | ner |
| | schö | rech | neu |

| | | | |
|---|---|---|---|
| Fe | gel | map | pel |
| | der | mo | fa |
| | tüt | mer | pe |

| | | | |
|---|---|---|---|
| Bü | gen | seu | sen |
| | ro | ei | gen |
| | gel | au | ger |

| | | | |
|---|---|---|---|
| Ba | de | wer | se |
| | gen | wan | ge |
| | ler | won | ne |

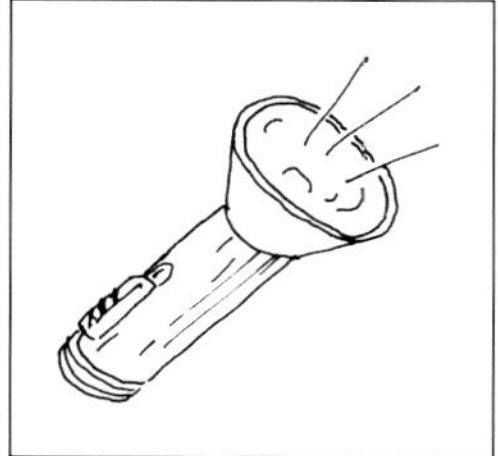

| | | | |
|---|---|---|---|
| Kin | gu | wer | gen |
| | der | wu | len |
| | die | wa | ger |

| | | | |
|---|---|---|---|
| Ta | cher | lam | ge |
| | gel | luft | pe |
| | schen | sen | per |


© Persen Verlag

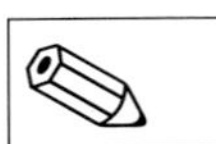

**Welche Wörter passen nicht? Streiche durch.**

La ma

Lu pe Ti pi

Bett

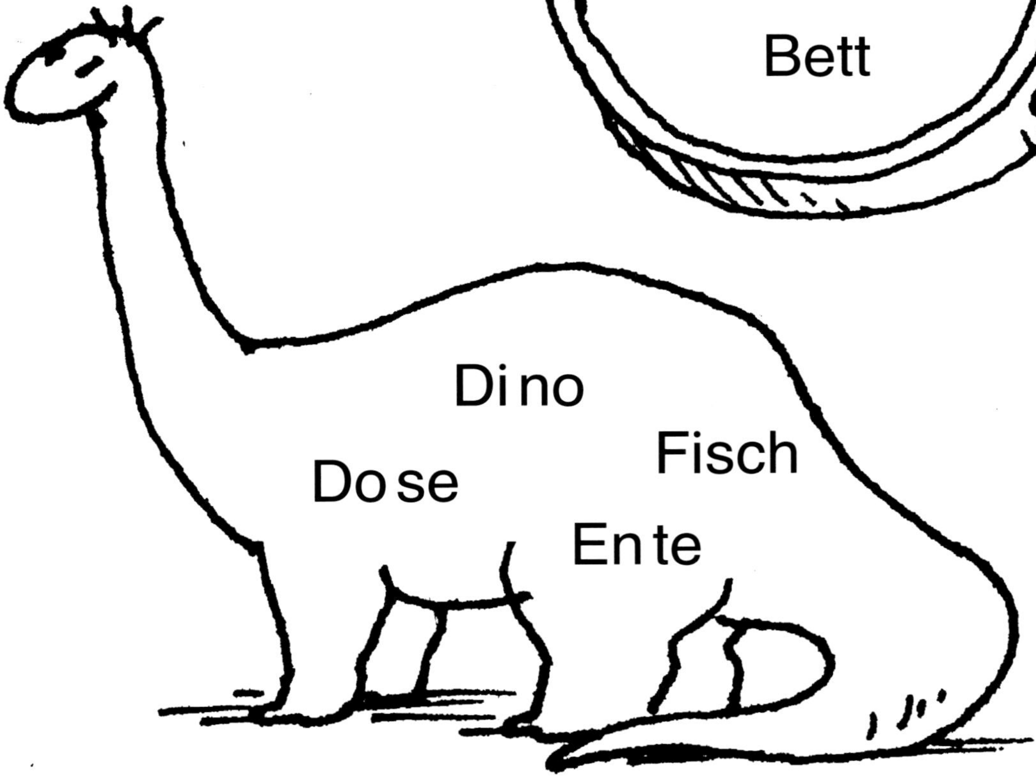

Di no

Do se Fisch

En te

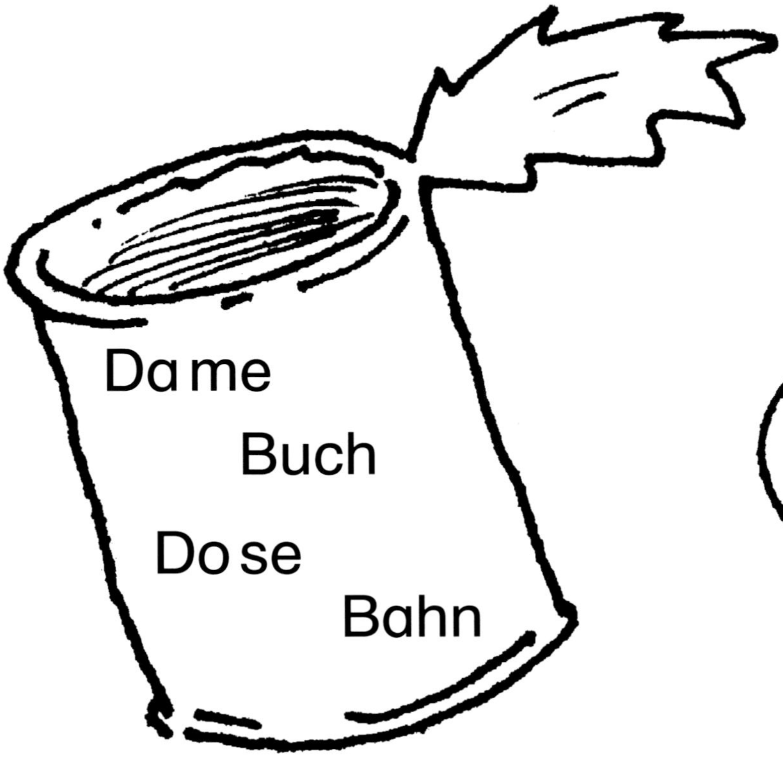

Da me

Buch

Do se

Bahn

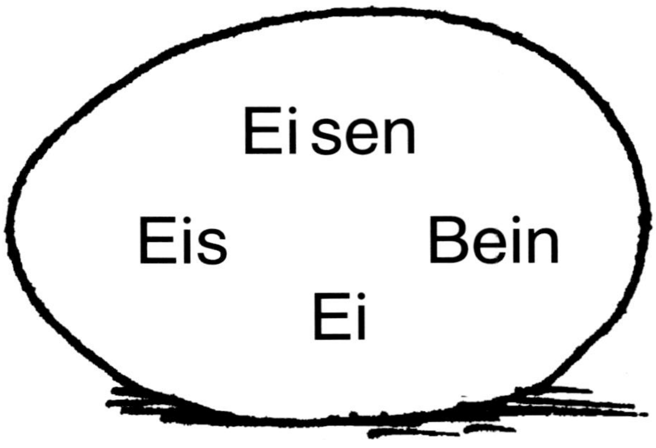

Ei sen

Eis Bein

Ei



Katrin Wemmer: Das Lese-Trainingsprogramm: Wortebene
© Persen Verlag

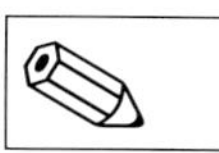

**Welche Wörter passen nicht? Streiche durch.**

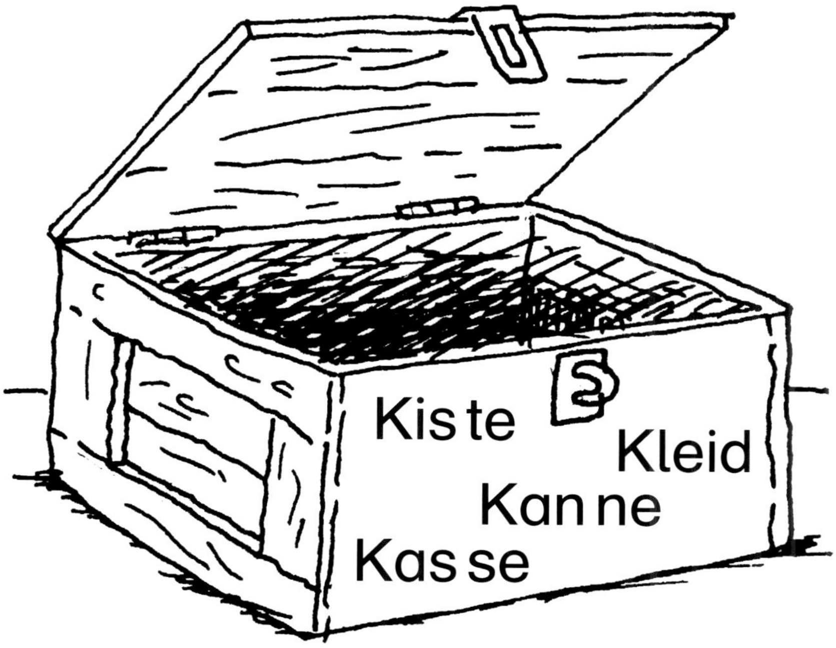

Kis te
Kleid
Kan ne
Kas se

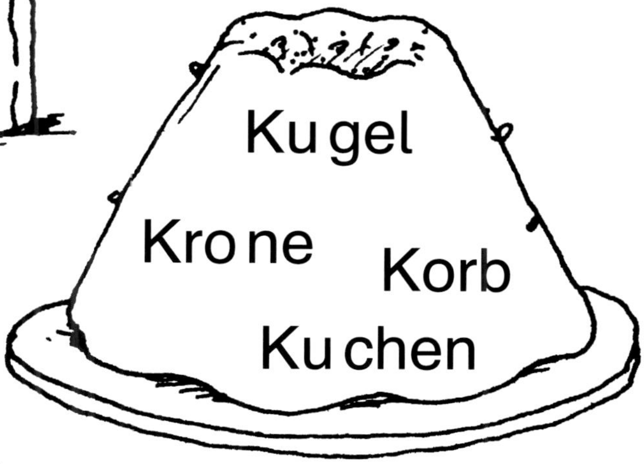

Ku gel
Kro ne
Korb
Ku chen

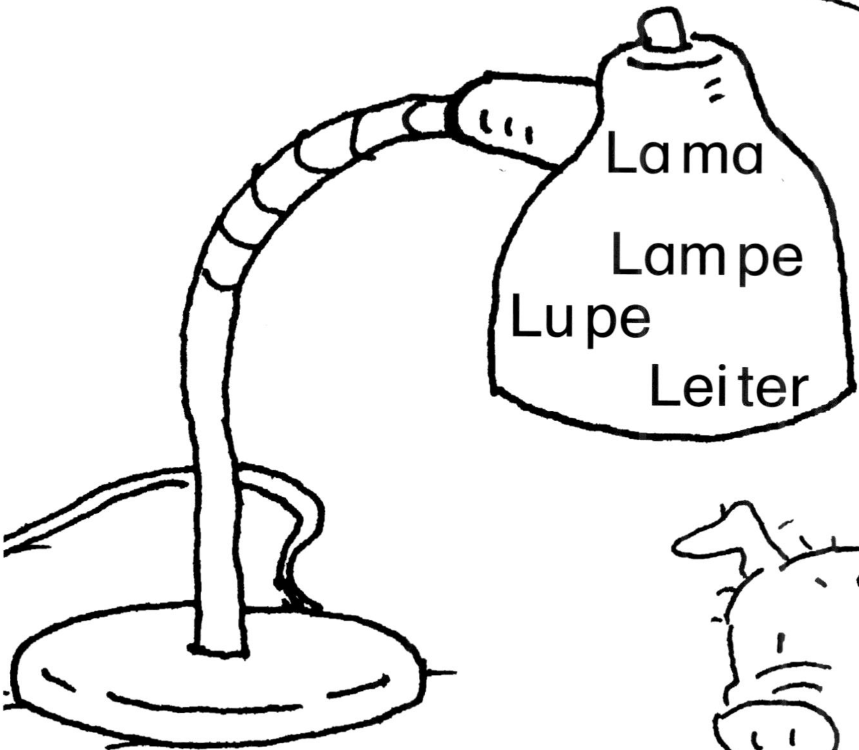

La ma
Lam pe
Lu pe
Lei ter

Knopf
Tel ler
Man tel
Schwein


© Persen Verlag

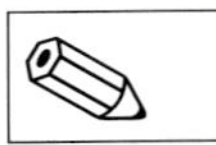

**Welche Wörter passen nicht? Streiche durch.**

Zöp fe
Zir kus
Zäh ne
Ze bra

Zir kus
Ze bra
Blei stift
Ord ner

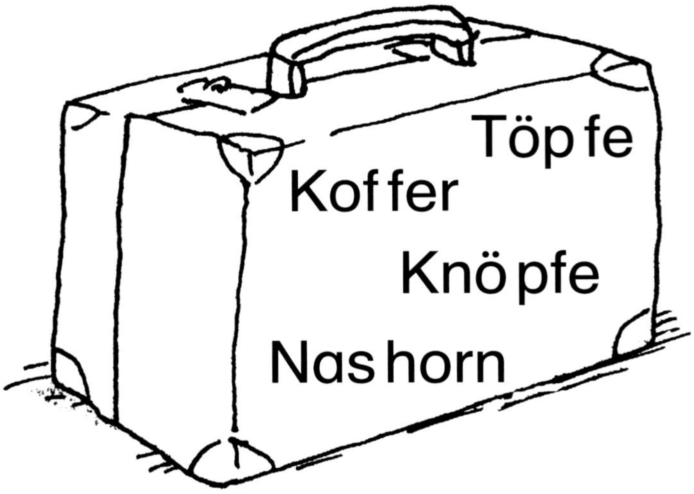

Töp fe
Kof fer
Knö pfe
Nas horn

Kof fer
Kir schen
Kel ler
Kö nig



Katrin Wemmer: Das Lese-Trainingsprogramm: Wortebene
© Persen Verlag

**Welche Wörter passen nicht? Streiche durch.**

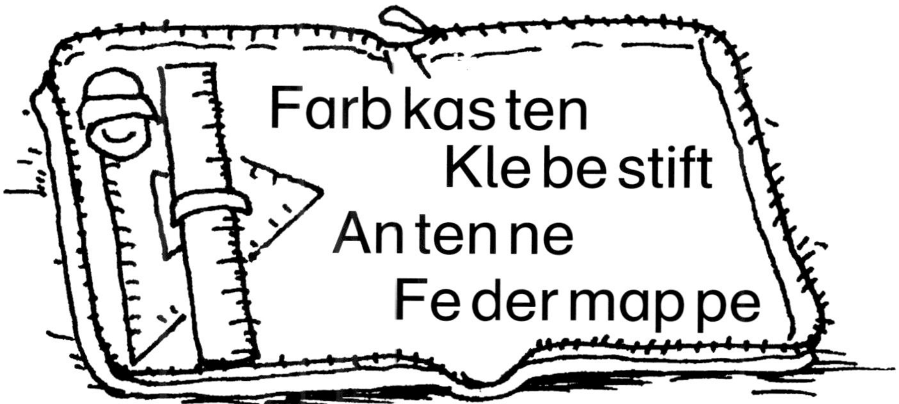

Farb kas ten
Kle be stift
An ten ne
Fe der map pe

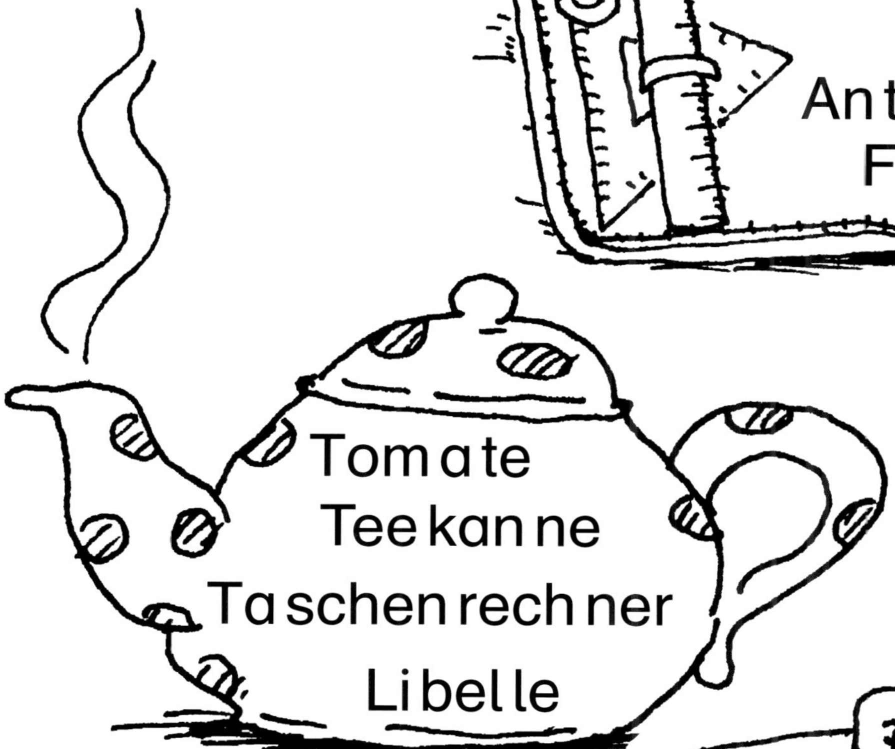

Tom a te
Tee kan ne
Ta schen rech ner
Li bel le

Te le fon
Schmet ter ling
Gar ten schlauch
Schul ta sche

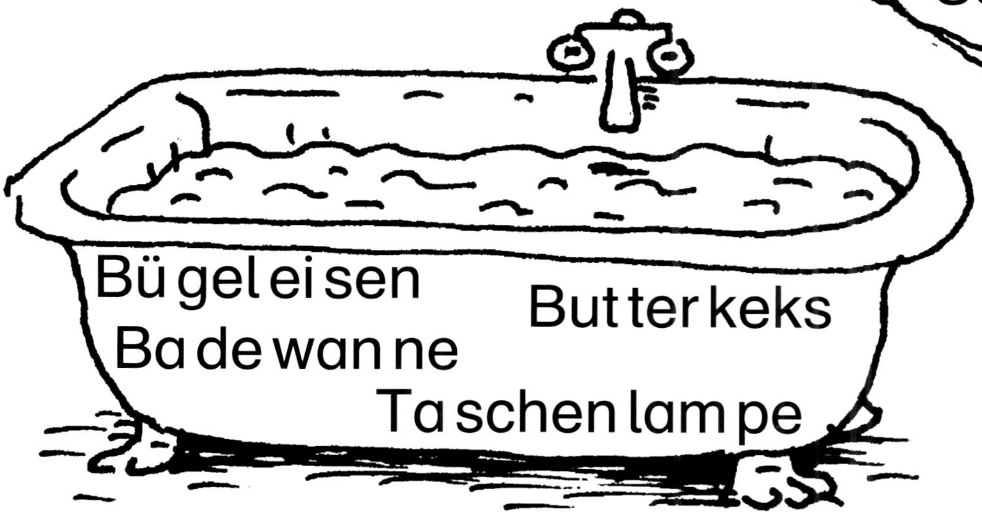

Bü gel ei sen
But ter keks
Ba de wan ne
Ta schen lam pe


© Persen Verlag

## Kreuze an, was du auf dem Bild siehst.

- ☐ Ka ter
- ☐ Bäu me
- ☐ Vo gel
- ☐ Pi rat
- ☐ Wie se
- ☐ Jun ge
- ☐ Wol ke

---

## Kreuze an, was du nicht auf dem Bild siehst.

- ☐ Vo gel
- ☐ Bäu me
- ☐ Lu pe
- ☐ Hut
- ☐ Bus
- ☐ Jun ge
- ☐ Sei fe




© Persen Verlag

## Kreuze an, was du auf dem Bild siehst.

- ☐ Du sche
- ☐ Am pel
- ☐ Wan ne
- ☐ Uhr
- ☐ Zug
- ☐ Tor
- ☐ En te

---

## Kreuze an, was du nicht auf dem Bild siehst.

- ☐ Tu te
- ☐ Tisch
- ☐ Mut ter
- ☐ Hahn
- ☐ Wal
- ☐ Huhn
- ☐ Va ter


© Persen Verlag

## Kreuze an, was du auf dem Bild siehst.

- ☐ Sa lat
- ☐ Ap fel
- ☐ Ti ger
- ☐ Af fe
- ☐ Bre zel
- ☐ Brie fe
- ☐ Bir ne

## Kreuze an, was du nicht auf dem Bild siehst.

- ☐ Ga bel
- ☐ Frö sche
- ☐ Brot
- ☐ Do sen
- ☐ Bir nen
- ☐ Kat zen
- ☐ Ki ste



Katrin Wemmer: Das Lese-Trainingsprogramm: Wortebene
© Persen Verlag

## Kreuze an, was du auf dem Bild siehst.

- [ ] Ster ne
- [ ] He xe
- [ ] Turm
- [ ] Ku chen
- [ ] Zei ger
- [ ] Nacht
- [ ] Na del

## Kreuze an, was du nicht auf dem Bild siehst.

- [ ] Mes ser
- [ ] Ket ten
- [ ] Mund
- [ ] Vö gel
- [ ] Spie gel
- [ ] Spin ne
- [ ] Kat ze


© Persen Verlag

**Kreuze an, was du auf dem Bild siehst.**

- ☐ Prinz
- ☐ Prin zes sin
- ☐ Ra ke te
- ☐ La ter nen
- ☐ Gi raf fe
- ☐ Clown
- ☐ Zau be rer

**Kreuze an, was du nicht auf dem Bild siehst.**

- ☐ Pap ri ka
- ☐ Bröt chen
- ☐ Luft bal lon
- ☐ Te le fon
- ☐ Ap fel saft
- ☐ Re gen schirm
- ☐ Fle der maus




© Persen Verlag

**Kreuze an, was du auf dem Bild siehst.**

- ☐ Spa ghet ti
- ☐ Ham ster
- ☐ Fa mi lie
- ☐ Fen ster
- ☐ Kir che
- ☐ Spin nen
- ☐ Schüs sel

**Kreuze an, was du nicht auf dem Bild siehst.**

- ☐ Gar di ne
- ☐ Schlüs sel
- ☐ Gar ten
- ☐ Frö sche
- ☐ Flü gel
- ☐ Groß va ter
- ☐ Ap fel saft


© Persen Verlag

**Kreuze an, was du auf dem Bild siehst.**

- ☐ Kin der
- ☐ Spin ne
- ☐ Eis fah ne
- ☐ Ver käu fe rin
- ☐ Spie gel
- ☐ Schlan gen
- ☐ Boot

---

**Kreuze an, was du nicht auf dem Bild siehst.**

- ☐ Schlüs sel
- ☐ Kin der
- ☐ Hund
- ☐ Eis tü te
- ☐ Ei mer
- ☐ Flug zeug
- ☐ Was ser



Katrin Wemmer: Das Lese-Trainingsprogramm: Wortebene
© Persen Verlag

**Kreuze an, was du auf dem Bild siehst.**

- [ ] Ei sen bahn
- [ ] Schaff ner
- [ ] San da le
- [ ] Mo tor rad
- [ ] Scho ko la de
- [ ] Bahn hofs uhr
- [ ] Tril ler pfei fe

**Kreuze an, was du <u>nicht</u> auf dem Bild siehst.**

- [ ] Pa pa gei
- [ ] Mäd chen
- [ ] Pin gu in
- [ ] Hand ta sche
- [ ] Kar tof fel
- [ ] Trom pe te
- [ ] Tee kan ne


© Persen Verlag